I GWENDA

Ganwyd Eirug Wyn yn Llanbrynmair yn 1950 yn un o bedwar o blant ac yn fab i weinidog. Symudodd y teulu i Ddeiniolen yn 1958 a derbyniodd ei addysg uwchradd yn Ysgol Brynrefail, Llanrug cyn symud ymlaen i Goleg y Drindod, Caerfyrddin. Ei ddylanwadau yn ystod y cyfnod yma oedd ei athro Cymraeg, Alwyn Pleming a'i ddarlithydd Cymraeg, Ifan Dalis-Davies. Sefydlodd Siop y Pentan Caerfyrddin gyda dau gyfaill iddo yn 1972 cyn symud i'r Groeslon yn 1977. Bu'n cadw Siop y Pentan Caernarfon tan 1988, pan ddechreuodd gadw busnes cynhyrchu Cardiau Cymraeg. Mae wedi ennill hanner dwsin o gadeiriau mewn eisteddfodau lleol a Choron yr Urdd yn 1974. Yn 1990, ar anogaeth cyfaill, ymgeisiodd am y Fedal Ryddiaith, ac ers hynny mae'n treulio ei amser hamdden i gyd yn ysgrifennu. Mae'n dal i fyw yn Y Groeslon gyda'i wraig Gwenda a'u dwy merch, Dwynwen Haf a Rhiannon Eleri.

Argraffiad cyntaf: Awst 1992

Rhif Llyfr Safonol Rhyngwladol: 0 86243 238 3

Y lluniau: Elwyn Ioan

Argraffwyd a chyhoeddwyd yng Nghymru
gan Y Lolfa Cyf., Talybont, Ceredigion SY24 5HE
ffôn (0970) 832 304
ffacs 832 782

Y Drych Tywyll

a storïau eraill

EIRUG WYN

y Lolfa

Dymunaf ddiolch:
I Elin Llwyd Morgan a Staff hynaws Y Lolfa (gan gynnwys yr Unben) am bob cymwynas ac am gynhyrchu cyfrol mor lân ei diwyg;
I John Rowlands am ei feirniadaeth a'i anogaeth;
I Elwyn Ioan am ddylunio'r gyfrol;
I Aled Jones am ffotograff hardd;
I Gwenda, Dwynwen a Rhiannon am ganiatáu i mi ddwyn amser.

CYNNWYS

Y Ras

ROEDD fflamau tân Gwesty'r Palace fel pe baent yn aros i weld beth fyddai'r symudiad nesa.

Gorffan y diod yna.

Pam?

Awn ni i fyny i'r gwely . . .

Be am ddiwadd y ffilm?

Be amdani?

Mond deng munud sydd ar ôl . . .

Tyrd . . . anghofia'r ffilm . . .

Ma'r diod ma'n rhy gry i'w roi lawr mewn un . . .

Hon hefyd . . . !

Chwerthin. Canu. Dringo'r grisiau dan chwerthin a chanu.

'Dring i fyny yma . . . dring, dring, dring . . .'

Dwi isho llnau 'nannedd.

Munud.

Ti'n sylweddoli mai yn Lloegar ydan ni?

So wot?

Petawn i'n beichiogi . . . Sais fydd o!

Saib.

Mi wnawn ni, eniwê.

Gneud be?

Gneud Sais de!

Am hanner nos?!

Canu.

Faint o bobol sy'n gwneud Saeson am hanner nos?

Shd! . . . ti'n siwr o ddeffro rhywun.

Mmmmmmmmmm . . .

* * *

Doedd gan HBD ddim syniad pwy oedd o, na pham yr oedd o, am un munud ar ddeg wedi hanner nos, yn un o'r miliynau oedd yn y ras. Trwy reddf yn unig fe wyddai am y daith oedd o'i flaen, a'r llinell derfyn. Roedd honno saith modfedd draw.

Gwyddai hefyd y gallai fod yn un o'r miliynau na chyrhaeddai, ond ei nod heno, neu'r bore yma yn hytrach, oedd cyrraedd yr ŵy; bod yn un o'r cannoedd a fyddai'n pwnio'r plisgyn i geisio mynediad.

Am ryw reswm, roedd HBD yn ffyddiog mai fo fyddai'n llwyddiannus.

* * *

Wyt ti wedi deffro?
Ydw . . .
Wyt ti'n iawn?
Mmmmm . . .
Dwi'n dy garu di . . .
Finna chditha . . . caru . . . caru . . . caru . . .
Mmmmm . . .
Argoledig! Be wnawn ni?
Be wnawn ni be?
Os cawn ni Sais!
Dos yn d'ôl i gysgu wir dduwcs . . .

* * *

Ychydig filimedrau eto! Gwelai HBD yr ŵy fel pelen o'i flaen. Paratôdd ei gynffon i waldio'r plisgyn. Roedd eraill yno o'i flaen. Eu pennau'n pwnio a'u cynffonnau'n chwipio. Ddegau, gannoedd, filoedd o weithiau, ond roedd plisgyn y wal a'r craterau yn gwrthsefyll y cyfan.

* * *

Cawod . . . wedyn brecwast.
Hanner awr wedi wyth ydi hi!
Rhaid i ni fod yn yr ystafell fwyta cyn naw . . .
Fe gawn ni frecwast yn y gwely ta.
Dwi isho cawod gynta . . .
Mi ddyliet ti chwysu cyn cael cawod!
Dwi wedi chwysu digon neithiwr!

Saib.

Be wnawn ni heddiw?
Be ti fod i'w wneud yn Llundan?
Downing Strît, Hywsusopaliament, a Bycinham-palas.

Llaw ar y bol.

Sais fydd o syrt!

* * *

Roedd yna fan gwan yma. Gallai HBD synhwyro'r peth. Gwthiad . . . pwniad . . . gwthiad arall—roedd o i mewn! Lle methodd miliynau o rai eraill roedd o, HBD, wedi llwyddo. Y tu ôl iddo caeodd y drws ohono'i hun ac ymbalfalodd yntau ym mherfedd yr ŵy . . .

* * *

Wyt ti'n siwr dy fod ti'n iawn?
Dim 'mynadd cychwyn adra rywsut.
Mi fu'n dridiau braf?
Grêt ... dim digon o amser i wneud popeth ... dyna fo.
Mae o'n edrach weithia fel wsnosa ...
Gormod o betha i'w gwneud sydd yma'n de?
. . . a'r bywyd nos yn blino rhywun!

* * *

Roedd HBD wedi sodro'i hun yng ngenynnau'r ŵy, ac roedd yr ymdoddiad wedi dechrau. Yn araf bach, symudodd yr ŵy tuag at gynhesrwydd y groth. Rhaid oedd aros i weld a oedd croeso. Os na fyddai'r groth yn derbyn yr estron deucan cell, byddai'n ei garthu a'i esgymuno. Y foment honno, cael ei wrthod, ac yntau wedi teithio mor bell, oedd y peth olaf ar feddwl HBD.

* * *

Dwi dair wsnos yn hwyr!
Well i ti fynd i weld y doctor ...
Gen i ofn ...
Mi ddo' i hefo chdi ...
Mi â'i fory ...

Trannoeth.

Be ddeudodd o?
Mwy na thebyg ... mi wnaeth o brofion ...

* * *

Chwarter modfedd o hyd, a'r galon fach wedi dechrau curo. Mae'r ymennydd a'r asgwrn cefn yn ffurfio, ond, rhywle ym mol y compiwtar bach, mae sglodyn nad yw'n arddel rhaglen natur . . .

* * *

Ysbyty! Pam? . . . be sy matar?
Dwi wedi dechrau colli . . .
Paid ypsetio dy hun . . . mi fydd pob dim yn iawn . . . gei di weld . . .
Beth petasa . . . ?
Dim byd . . . gwna di fel mae'r doctor yn ei ddeud . . . mi gymrwn ni bob dim fel maen nhw'n dod.

Ddeuddydd yn ddiweddarach.

Triniaeth newydd medda'r doctor . . .
Be ydi o felly?
Chwistrellu hormons . . .
Be mae o'n olygu?
Bod yn llonydd am ddau, ella dri mis.
Yn lle? Yma?
Yn yr ysbyty . . . mi fyddan nhw'n cadw llygad arnon ni . . . mae yna saith ohonon ni i gyd . . .

* * *

Egin o freichiau a choesau a phob organ yn ei lle. Mae'r ungell yn filiynau a'r esgyrn bychain yn ffurfio'n gyflym. Yn y benglog anferth mae dotiau o lygaid duon wedi ymddangos. Nid ydynt wedi datblygu digon eto i fedru gweld. Mae'r mennydd pitw yn dechrau gweithio, ac efallai'n synhwyro fod rhaglen natur wedi llwyddo i osgoi ac unioni effeithiau y sglodyn bach drwg.

* * *

Haldiad o gylchgronau merched a chwdyn plastig yn cael ei gario yn eithriadol o ofalus.

Sut wyt ti?
Iawn . . . be di hwnna?
Presant . . . gei di o 'munud.
O . . . dwi wedi laru yma . . . chwech wsnos o orfadd . . . sbïa'r clais yma . . . fama dwi'n cael y bigiad . . . mae'n brifo bob tro.
Mi ffoniodd dy dad a dy fam . . .
Sut oeddan nhw?
Maen nhw am ddod lawr ddydd Gwenar . . . wedi swennu hefyd medda hi . . . mi cei o fory mae'n siwr . . .
O leia mae hynny'n rhywbeth i edrych mlaen ato.
Be ydi hwnna?
Presant i chdi . . . a Lisabeth a Joanne . . .
Be ydi o?

Saib ddramatig cyn tynnu'r bowlen wydr fawr o'r bag plastig.

Sieri Treiffl!
O! Na!

Lleisiau o'r gwlâu cyfagos.

Wot's ddat?
Wot is it?
Sieri Treiffl . . . ffor iw, e present ffrom mi . . .
Chdi nath o?
Hefo help Margueritte Patten a Tescos . . .

* * *

Mae'r llygaid bach wedi cau yn dynn, ond mae'r doctor erbyn hyn yn taeru fod yr embryo'n gweld. Wrth ei astudio trwy'i fetasgop, roedd y bychan yn crychu'i lygaid, ac yn ceisio codi'i ddwylo rhag y golau. Ond ŵyr o ddim am ddrama'r pryder y tu allan.

* * *

Be sy mater?
Mae Jean wedi . . .

Mae gwely Jean yn daclus, yn lân ac yn wag.

Lle mae hi?
Mi ddechreuodd golli neithiwr . . . a'r bore yma . . .
Tria beidio meddwl am y peth . . .
Ond mae yna bedwar mis i fynd eto!
Mi fyddi di'n iawn. Lle mae Jean?
Mewn ward arall . . . maen nhw'n symud y rhai sy'n colli o ma'n syth.
Fuodd y doctor yn eich gweld chi?
Do. Mi ddeudodd yntau fod pethau fel hyn yn digwydd, ond nad oedd hynny yn achos i ni i gyd boeni . . .
Dyna fo ta!
Ond fedran ni ddim peidio â meddwl am y peth . . . 'nenwedig pan fydd o'n digwydd i'r un sy'n y gwely 'gosa . . .
Mi fyddi di'n iawn!.

* * *

Tydi'r byd ddim mor dawel bellach. Mae'r clustiau bychain bron yn berffaith, ac mae'r corffyn yn troi ei ben pan glyw sŵn.

* * *

Ffôn.

Dwi'n cael dod adra!
Pryd?
Heno . . . pnawn 'ma . . . ar ôl i'r Doctor fod . . . tyrd â'r trowsus glas a'r top coch . . . tyrd â rheina hefo chdi . . . a'r sgidia duon heb sodlau . . . tyrd tua thri . . . mi fydd y doctor yma am hanner awr wedi dau . . .

* * *

Mae manblu drosto i gyd. Dywed rhai mai cadwyn ydyw rhyngon ni ag oes y mwnciöd, eraill mai yno mae i rwystro'r croen rhag crychu yn yr hylif amniotig.

Mae'n amser arbrofi a phrofi. Profi bod aelodau'r corff bach yn gweithio'n iawn. Wrth ymbalfalu'n wyllt mae bawd yn cyffwrdd gwefus. Mae'n sugno . . .

* * *

Fama! Rho dy law yn fama! Glywi di o?
Argoledig mae o'n aflonydd!
Sais ydi o yntê?
Dim ond mis eto!

* * *

Mae'n llawn iawn yma. Mae'n dal i dyfu a thyfu, ond mae'r lle'n gyfyng iawn. Mae bron yn amser i'r pen gychwyn ar ei daith i ffos y geni, ac fe fydd chwistrelliad yr adrenalin yn arwydd ei bod yn amser dechrau'r daith.

* * *

Mae poenau'r ymdynhau'n digwydd bob ychydig funudau.

Dowch â hi i fewn rŵan.
Yn syth?
Mi fydd yna wely ar ei chyfer hi.

* * *

Dim lle. *Mae'n mynd.* *Rhaid iddo gael help.*

* * *

Gwthiwch!

Chwys. Ofn yr anwybod.

Anadlwch . . . un . . . dau . . . tri . . . rŵan. Gwthiwch!
Gwthia!
Fedra i ddim . . .

Bysedd yn plethu. Gafael yn tynhau. Sibrwd.

Gwthia!
Mae o'n dod . . . mae'r pen allan . . .

* * *

A! Golau.

* * *

Gwallt melyn!
Gwthia!
Come on . . . once more . . . p. . u . . s . . h . .!

* * *

Pwy ydi'r bobol yma? Mae'n oer . . . sŵn . . . dwylo . . . lleisiau . . . rwber . . . peipen . . . awtsh!

******

Ydi o'n iawn?
Merch yw hi! Wyth bwys . . . mae hi'n berffaith!

******

Gwên. Cynhesrwydd. Bwyd. Mmmmmmmmmmmmm. Mam.

Pan oeddwn fachgen

RYDW i'n gwbod ei bod hi'n braf am fod golau'r haul yn sbecian arna i drwy'r crac yn y cyrtans. Mae sŵn yr adar bach yn cario drwy'r ddwy fodfedd agored o'r ffenast ucha. Mae miloedd ohonyn nhw yng nghoed Tŷ'r Ysgol. Arglwydd, mae ganddyn nhw sŵn, ond am ei bod hi'n braf, does dim ots gen i. Er ei bod hi'n ddiwrnod ysgol, does dim ots gen i am hynny chwaith. Mi rydw i yn hapus. Rydw i'n hapus am ei bod hi'n braf, ac mi rydw i'n cofio'r union ddiwrnod hwnnw.

Ond nid am ei bod hi'n braf ydw i'n ei gofio fo. Nid ychwaith am fod yr adar bach yn canu. Na, dwi'n cofio'r diwrnod hwnnw am mai dyna'r diwrnod yr oedd darna o dad Owan Ritsh yn glytia coch ar glogwyni'r chwaral. Roedd o'n union fel tasa Wil Bwtshar wedi lluchio talpia o gig yma ac acw hyd y graig. Dygs Bach ddeudodd hynny, ac felly bydda i'n cofio'r diwrnod.

Roeddan ni'n chwara ffwtbol yn Riard Dop pan glywson ni'r seiran. Aeth Riard yn ddistaw fel Fynwant Macpela, a'r rhai oedd hefo tadau yn y chwaral yn rhedeg i'r toilets i grio. Wedyn dyma ni 'n ei chlywad hi'n dod. Sŵn Rambiwlans yn sgrialu lawr Gallt-y-Foel. Iesu, mi roedd hi'n gyrru. Mi sgidiodd yn Cynfi Hows am fod un o fysys Joni Huws yn dŵad i'w chwarfod, ac yn yr eiliadau araf hynny roeddan ni'n gweld cysgodion drwy'r ffenestri duon. Roedd o'n union fel tasa rhywun yn cael ei waldio, ond rhywun yn cwffio am ei fywyd oedd ynddi, a ninna fel rhes fud o soldiwrs llonydd yn ei gwatshad hi'n mynd ar wib.

Pan ganodd y gloch aeth pawb yn dawal at ei ddesg. Roedd llgada rhai yn goch, a rhai yn smalio sgwennu neu wneud llun â'u pennau'n sownd yn eu copi bwcs. Mi redodd Jennifer Hughes adra, ond ddaru Jôs Twmffat ddeud dim byd.

'Gewch chi ddarllan neu gneud llun . . . yn dawal . . . ' medda fo. Mi doth Willias y Ficar i'r ysgol. Roedd gwynab Jôs Twmffat yn rhy neis a'i lais yn rhy dawal wrth ddeud wrth Owan Ritsh am fynd efo'r ficar i Rŵm Droinio. Roedd Owan Ritsh yn crio pan ddoth o allan o Rŵm Droinio a mynd adra hefo'r Ficar. Toedd hogia mawr giang ni ddim fod i grio am betha bach, ond peth mawr oedd colli tad, a pheth bach oedd crio. 'Nes i grio fy hun y noson honno, achos nesh i roid fy hun yn sgidia Owan Ritsh. Toeddwn i ddim isho i dad farw. Byth.

Roedd Lôn Capal yn ddu o bobol. Roedd chwaral a'r ysgol wedi cau a'r pentra cyfan wedi tynnu cyrtans o barch i dad Owan Ritsh. Oedd Owan Ritsh wedi cael dillad newydd—trywsus llaes hefyd—ac roedd ei sgidia fo yn sgleinio fel swllt o bocad Joni Elis Saer. Iesu oedd mam Owan Ritsh yn crio. Roedd hi'n nadu dros y capal, a'r hogia yn sbecian drwy gornal eu llgada arni hi. Oedd gin bawb bechod dros Owan Ritsh. Mi rois i 'nghyllall boced efo sgriwdreifar arni iddo fo, er ei fod o wedi llosgi'n llaw i hefo matshan 'rwsnos gynt.

Chawsom ni ddim mynd i'r fynwant hefo'r bobol fawr, ond mi ddaru ni fynd i sbecian o ben wal Ficrej. Roeddwn i'n meddwl fod canu capal ni yn dda ar nos Sul, 'nenwedig pan fydda Dafydd Robin, Wil Penlôn, Dei y Foel a Dic Now yn ei morio hi, ond Iesu, tasa chi'n clywad y dynion yn canu yn cnebrwng tad Owan Ritsh. Roedd y dagra'n llenwi'n llgada ni ar ben wal Ficrej wrth eu clywad nhw.

Roedd Tŷ Owan Ritsh yn llawn dop o bobol. Roedd 'na fwrdd a llian gwyn glân wedi'i daenu drosto. Ar y bwrdd roedd pres danfon. Chwecha, syllta, deu-syllta a hannar-crochs. Roedd o'n lot o bres, ond toedd o ddim gwerth bywyd tad Owan Ritsh. Dyna oeddwn i'n feddwl. Mi fasa'n well gin Owan Ritsh gael ei dad 'nôl na llond wagan o bres gloyw.

'Trio cadw to uwch ben ei wraig a'i blant oedd o.' Dyna glywis i dad yn ei ddeud wrth rywun yn Capal. Finna'n methu dallt, os oedd o wedi gweithio ugian mlynadd yn y chwaral, na fasa fo wedi gneud digon o lechi i orffan ei do cyn hyn.

Fuo Owan Ritsh ddim yn pentra yn hir wedyn. Aeth ei fam o i fyw at ryw foi yn Dre a fyddan ni byth yn ei weld o wedyn, ond Iesu, mi roedd hi'n ddwrnod poeth pan fuo'i dad o farw.

* * *

Owan Hendra a waeddodd ar y ffordd i'r capal fod 'rafon wedi rhewi yn Rhydfadog, ac wedi rhewi'n galad hefyd. Toedd y gwnidog ond prin wedi ei amenio hi nad oedd 'rhogia yn un haid swnllyd yn ei heglu hi am 'rafon.

Rŵan roedd Lôn Tŷ'n Clwt yn sglefr dda, 'nenwedig lle roedd olwynion y ceir wedi gwasgu'r eira, ond mi roedd 'rafon cymaint â hynny'n well! Roedd hi'n sglefr hir loyw ac yn rhew calad. Roedd pawb yn cael tjians—ugian neu fwy ohonan ni. Dei Pritsh oedd y mwya o'r hogia mawr a fo oedd yn dal pawb rhag mynd ar eu pennau i Bwll Tyfn. Toedd Pwll Tyfn ddim wedi rhewi'n iawn a dyna pam oedd Dei Pritsh yn dal pawb. Roeddwn i'n meddwl y basa fo'n fy nal inna hefyd. Heibio iddo fo yr es i, ac ar fy mhen i'r creigia ac i oerni Pwll Tyfn. Roedd gwaed yn 'stillo o mhen-glin i a rhwbath du yn codi i 'mhen i nes own i ddim yn gweld yn iawn.

'Mae o di ffocin marw,' gwaeddodd rhywun, ond mi glywais i hynny, a thrio codi. Roedd fy nhrowsus i'n wlyb ac yn rhacs, a 'nannedd i'n clecian yn yr oerfel. Roedd hi'n dal i fynd yn ddu bitsh weithia. Mi glywodd Tom Robaitsh y sblash, y chwerthin a'r rhegi, a phan sbïodd o dros ochor bont Rhydfadog, ddaru o ddim meddwl ddwywaith. Mi neidiodd yn ei siwt i 'rafon. Cariodd fi i'w dŷ a gweiddi ar Dygs Bach i fynd ar ei feic i nôl Doctor. Oedd gin i gwilydd braidd wrth i'w wraig o dynnu 'nillad i a rhwbio nghorff i o flaen y tân. Roedd gin i dwll dan badell fy mhen-glin a stwff melyn ac orenj a gwaed yn dod ohono fo.

'Paid â sbio arno fo,' medda'r Doctor wrtha i. Mi gaeais fy llygaid yn ddewr.

Pan agorais i nhw, roedd y doctor wedi gorffan, ac er bod yna fandij mawr gwyn dros y twll roedd yna gnocio cythreulig yn dod ohono. Dwrnod wedyn mi ddoth Dei Pritsh acw wysg i din i ddeud sori. Roedd o'n sbïad ar fy mandij i drwy ddwy lygad ddu. Roedd Hefin ac Irfon wedi rhoid uffar o gweir iddo fo.

* * *

'Mond yn sâl dwi yn ei chofio hi. Roedd hi'n sâl, ac yn methu siarad yn glir. Pan ddeudon nhw wrtha i ei bod hi wedi marw, toeddwn i ddim yn dallt. Be ydi marw oeddwn i isho gwbod. Roeddwn i wedi gweld dad yn marw ieir cyn Dolig, ac yn waldio tyrchod daear ar eu pennau hefo rhaw am eu bod nhw yn difetha'i ardd o, ond fedrwn i ddim dychmygu neb isho bwyta Nain i ginio Dolig, nac ychwaith neb yn ei hitio hi ar ei phen hefo rhaw.

Roedd hi'n gorfadd yn ei harch yn parlwr ffrynt pan es i sbecian. Ddaru neb weld 'y ngholli fi. Es i ati i siarad, ond ddaru hi ddim atab. Roedd hi'n cysgu'n sownd. Rois i 'mys ar ei thrwyn hi. Roedd o mor oer nes oedd o'n brifo tu mewn i mi.

Mi ddeudodd dad, 'Marw ydi methu siarad, cysgu drwy'r amsar a gorfadd mewn bocs. A mynd at Iesu Grist.'

Chwerthin ddaru o pan ofynnais i a oedd tyrchod daear a ieir yn mynd at Iesu Grist.

* * *

Roedd pawb yn gwbod fod Wini Storws yn dwlali, a toedd syndod yn y byd nad oedd ei siop yn talu'r ffordd. Toedd o ddim help chwaith cael plant fel Norman Motobeics a Ned Wini Storws.

Mi fydda hi'n deud wrth Ned weithia wrth neud te:

'Picia drwadd i'r siop i nôl slab o fenyn i mi 'ngwash i.'

Ac wrth estyn y menyn, mi fydda Ned yn stwffio pacad o Wdbeins i'w bocad din. Wedyn, mi fydda fo'n sglaffio'i frechdan jam a'i banad lefrith ac yn rhedag at yr hogia i chwarae.

'Dwi'n mynd!' fydda fo'n weiddi ar ei fam.

'Tyrd adra cyn 'ddi dwllu!' fydda'i fam o wastad yn weiddi ar ei ôl o.

'Ffooooooo . . . pacad cyfa?!'

'Ga i un con'?'

Wedi arfar hel stwmps hyd 'lôn, eu hagor nhw a'u hail rowlio, roedd cal ffag gyfa yn destun swancio garw. Mi fyddan ni'n gorfadd ar greigia Rynys Bella, 'nunion 'run fath â Roheid y cowboi. Llusgo matshan ar draws craig noeth nes oedd hi'n clecian, ac wedi tanio ffag, snapio'r fatshan yn i hannar rhwng bys a bawd cyn rhoid fflych iddi hi.

‘Do mi swalo con’.

‘Gei di ’munud!’

‘Ffooooooo . . . ’

Mi fyddan ni’n sugno fel babis newydd sbond, wedyn llyncu cegiad o fwg. Tagu! Roeddan ni’n tagu fel tad Tomi Twll Chwaral. Bron na fasa chi’n taeru fod mwg yn dod drw’n clustia ni.

‘Iesu! Ti’n iawn Ned?’

‘Ffocin thing ’di mynd lawr fforong.’

‘Arglwydd dwi’n chwil!’

‘Asu! ma’n nhw’n ffags cry!’

‘Cry fysa chditha sa chdi di bod ar shilffodd Storws am ddwy flynadd!’

* * *

‘Wn i be ’nawn ni!’

‘Be?’

‘Mygu Anni Dici Din a Now Bidlan Blastig!’

‘Arglwydd! Mi gawn ni djiês!’

‘A tasa fo’n ein dal ni . . . ’

‘Neith o ddim siwr Dduw . . . ’

‘Ffacotsh eniwe . . . ’

Mi fydda Tan-ffordd yn darget hwylus i’r hogia. ’Nenwedig hogia drwg. Mi fedrach chi gamu oddi ar wal y lôn ar y to, a toedd hi ond cachiad Nico o joban i gymryd gwib i grib y to ac at y corn. Mi fyddan ni wedyn yn gosod tolpan wleb o’r afon ar y corn fydda’n mygu. Ras wedyn i guddiad i Rhen Dŷ, neu ’tu ôl i wal Ffor’ Gam i weitiad a gwatshad.

’Mhen chwinciad mi fydda Anni Dici Din yn rhuthro allan, a mwg yn ei dilyn hi ’rholl ffordd. Mi fydda hi’n neidio yn ei hunfan. Yno bydda hi yn ei chynddaredd, ei ffedog a'i bere binc.

'Y 'ffernols! Lle 'dach chi?!' fydda hi'n weiddi bob tro.

Yn dynn ar ei thin hi mi ddôi Now Bidlan Blastig. Mi fydda fo yn ei fest a'i fresys fel tasa fo ar gychwyn shefio wrth y feis yn 'cefn. Mi ruthrai Now am ei ystol i dynnu'r dolpan, ac wedi hynny mi fydda'n estyn ei ffon-nôl-gwarthaig ac yn gollwng Toss yn rhydd. Os oedd 'rhogia isho tjiês go iawn, mi fydda ni'n llafar-ganu:

'Pwy sydd yn byw fel cing a cwîn
Now Bidlan Blastig ac Anni Dici Din.'

'ARIOLÔ TOSS!' gwaeddai Now ar y ci.

Mi fydda Toss yn rhuthro amdanom ni fel cath i gythral, ond doedd dim pwrpas i ni redag rhag y ci. Er ei gyfarthiad a'i chwyrnu, ni fasa Toss yn gwneud un dim drwg i neb. Pan fydda fo wedi'n dal ni mi fydda fo'n cyfarth yn wirion ac yn rhedag rownd a rownd mewn cylchoedd. Mi fydda Now yn mynd yn honco bost.

'Os dalia i chi'r 'ffernols . . . '

Mi ddaliodd o Ned Wini Storws unwaith, ac fe fuodd Now yn ei golbio fo hefo'i ffon nes oedd o'n gweiddi mwrdwr. Mi gafodd un beltan boeth ar ochor ei ben nes disgynnodd o'n glwt ar y wal ac wedyn i'r llawr. Roedd o'n gorfadd yno'n hollol lonydd a phawb yn meddwl fod yna rywbeth mawr wedi digwydd. Roeddan ni'n mynd yn nes, a Now yn mynd wysg i din am adra, a phan oedd Ned yn teimlo fod Now wedi cilio digon, dyma fo'n codi ar ei draed a gweiddi 'Y bastaaaaad!' drwy'i ddagra.

Ddaru Now ddim sbïo 'nôl o gwbwl. Ella ei fod o wedi cofio fod Ned yn fab i Wini Storws ac yn frawd i Norman Motobeics, a phan fydda Norman Motobeics wedi myllio mi fydda fonta fel ei fam—yn dwlali.

Y newid

GALLASAI yn hawdd fod yn ddiwrnod trip yr Ysgol Sul oherwydd roedd yr haul yn ddigon tanbaid ac roedd blas antur yn y sŵn. Roedd yna hefyd lond y bws o blant yn byddaru'r gyrrwr a'r ddau athro a ddaethai i arolygu'r giwed yn y ddrama. Roedd y plant hynaf ar y bws—dosbarth tri a phedwar—wedi'i gweld hi, ac wedi sgrialu i'r seddau cefn a gor-lenwi'r rheini i'w hymylon. Eisteddai'r athrawon fel plismyn procar yn y pen blaen. Miss Williams Welsh gron, lonydd a dreuliai ei nosweithiau yn britho'i chrimogau o flaen tanllwyth o dân, a James Geog, hen glimach caled, drwg ei drwsiad. Dyn creulon o'i godiad i'w gwsg.

Siaradai Miss Williams Welsh â llais bychan uchel ei drawiad, a phan welodd y rapsgaliwns yn stompio tua chefn y bws, gafaelodd ym mraich y 'gosaf ati. 'Peidiwch chi â mynd i ganlyn y rheina, Elidir Huws. Steddwch yn fama, yn f'ymyl i.' Ac yno, ar bwys Miss Williams Welsh yr eisteddai Elidir Huws gydol y siwrnai.

Yng ngolwg ei athrawes Gymraeg, roedd Elidir yn llathen a hanner o berffeithrwydd deuddengmlwydd, yn bopeth y dymunai ac y disgwyliai athrawes i ddisgybl fod. 'Waeth pa adeg o'r dydd fyddai hi, edrychai Elidir Huws bob amser fel angel bach, newydd ei sgwrio'n lân i gystadlu yn un o steddfodau'r Urdd.

Yng ngolwg yr hogia, hen frechdan o hogyn oedd o.

Doedd o ddim digon mentrus ac anturus i fod yn un ohonyn nhw, ond yn ddigon derbyniol i fod yn un o hogia'r cyrion. I'r genod, roedd o'n hogyn bach del, a swil. Roedd i'w drin fel brawd bach neu dedi bêr.

Ymestynnodd Elidir ei goesau nes fod blaenau'i draed yn cyffwrdd â chefn sedd y gyrrwr, plethodd ei freichiau a phwysodd ei foch yn dynn ar gwarel oer y ffenestr. Syllodd ar frig y wal gerrig yn dawnsio'n anwastad heibio iddo. Felly hefyd y gwibiai ei feddyliau yntau. Ar un wedd, roedd yn falch fod Miss Williams Welsh wedi ei orfodi i aros yn y pen blaen, oherwydd gwyddai oddi wrth y synau a'i cyrhaeddai o'r cefn pa fath o gemau a berai ddifyrrwch i'w ffrindiau. Nid na fuasai yntau wrth ei fodd yn chwarae *Blind Kisses, I Dare* neu *Touch Me*—yn wir, dyna freuddwydiai amdano yn oriau'r cyffwrdd cyn cysgu'r nos; ond yn realaeth y dydd, gwyddai nad oedd yr hyder ganddo i orchfygu'i swildod gyferbyn â'r hogia a'r genod. Ac roedd hynny'n boen iddo.

Roedd y bws ar gyrion y dref pan ofynnodd Miss Williams i Elidir gyfrif pawb oedd arno. Syllodd Elidir yn syn arni, gan obeithio y byddai'i syndod yn peri iddi newid ei meddwl. Doedd dim awydd codi a mynd i gefn y bws arno. Doedd o ddim eisiau wynebu'r gweddill ynghanol eu sbort a'u hwyl. Doedd o ddim eisiau cael ei atgoffa o'i swildod na'i golled.

'Wel? Ydach chi am fynd i gyfri i mi?'

Llyncodd ei boer, unwaith, ddwywaith, a chododd ar ei draed. Symudodd yn araf i gefn y bws yn ymwybodol fod pawb yn edrych arno. Dechreuodd gyfrif yn dawel iddo'i hun drwy nodio'i ben. Pan sylwoddolodd rhai o'r hogia beth oedd ei fwriad, dechreuodd rhai ohonynt symud o sedd i sedd. Gwridodd Elidir, a gwenodd yn ddewr arnynt. Ailddechreuodd gyfrif, y tro hwn â'i fys, a symudodd yn nes at gefn y bws. Dechreuodd rhai weiddi arno a'i wawdio. Curai ei galon yn gyflymach. Teimlai ei ben yn dechrau troi. Doedd dim drws ymwared. Gafaelodd deubar o ddwylo ynddo a'i lusgo fel cerpyn i'r sedd gefn. Yna roedd pawb o'i amgylch, ac yntau yn syllu yn ofnus i wyneb tlws Ann Tremlyn.

Gwenodd arno, a chan afael yn ei wyneb yn dyner â'i dwy law, plannodd gusan hir ar ei wefusau. Os oedd yn goch cynt, Duw a ŵyr pa liw oedd i'w wyneb yn awr. O'i fôn i'w frig fe'i gwanwyd gan ryw gryndod iasol ac o'i anfodd braidd y dechreuodd wingo; ond daliai'r hogia ac Ann eu gafael arno.

Dechreuodd y plant gyfri'n uchel.

'Un . . . dau . . . tri . . .'

Yna, roedd ceg Ann ar agor, a'i thafod fel neidr wyllt yn gwibio i bob man, yn llyfu ac yn anwesu ei geg a'i wefusau. Gwthiodd ei thafod heibio'i ddannedd a chyrraedd ei dafod yntau. Toddodd eu poer. Gosododd rhywun ei law ar ei bronnau a'i orfodi i'w mwytho.

'. . . naw . . . deg . . . un-ar-ddeg . . .'

Roedd dwylo eraill yn rhwbio ei droswus, a lleisiau croch uwchlaw'r cyfrif yn gweiddi a bloeddio'u cymeradwyaeth.

'. . . un-deg-saith . . . un-deg-wyth . . .'

Roedd Elidir bron â chrio. Peth preifat oedd hyn i fod, nid peth cyhoeddus. Roedd wedi ei gyffroi a'i gynhyrfu fel na wnaed erioed o'r blaen, a gwyddai fod hynny yn boenus o amlwg.

'Beth sy'n digwydd yma? ELIDIR HUWS!!!'

Distawodd y sŵn ar amrant a slenciodd y plant yn eu holau i'w seddau. Fflachiai'r llygaid milain. Roedd James Geog wedi gwylltio'n gudyll. Ceisiodd Elidir godi oddi ar feddalwch corff Ann, ond estynnodd James Geog beltan boeth iddo nes ei fod fel lledan drachefn.

Cronnodd y dagrau'n gyflym yn ei lygaid. Dagrau hwyr ei gywilydd, a dagrau'r foment o wylltineb oherwydd y cam a gâi. Gwyddai'n burion pe bai'n agor ei geg i fwrw'i fol yr âi ei deimladau yn drech nag ef, ac mai nadu fel plentyn a wnâi, felly brathodd ei wefus isa a defnyddiodd ei lawes i sychu'i lygaid. Ond doedd James Geog ddim wedi gorffen.

'Hen hogyn budr! *(peltan)*... hen fochyn! ...*(peltan)* ... ewch yn eich ôl i'ch sedd.'

Doedd dim dau nad oedd un cefn llaw—yr ail a gawsai gan James Geog—wedi niweidio'i foch. Clywodd Elidir y plant fel un yn tynnu'u gwynt wrth i fodrwy-sofren-aur yr athro farcio'i groen a thynnu gwaed. Ac roedd ei waed bellach yn berwi. Yn berwi gormod i grio. Gafaelodd rhywun yn ei fraich a'i gynorthwyo i godi. Trodd drach ei gefn a syllodd i fyw llygaid Ann Tremlyn. Am un eiliad fer, gwelodd rywbeth yn ei llygaid na welsai yn llygaid neb erioed o'r blaen. Rhywbeth mwy na thynerwch ac edifeirwch, rhywbeth mwy na gofal a gofid. Roedd y rhywbeth hwnnw yn gyfan gwbl eiddo iddyn nhw. O anfodd ei ên troes ar ei sawdl a cherdded oddi wrthi i ben blaen y bws.

Bu gweddill y siwrnai yn dawel, dim ond sibrwd a mân siarad a thawelwch llethol pan fyddai James Geog yn troi'n ôl. Roedd yr awyrgylch yn annifyr, a gwyddai'r athro hynny. Edrychodd yn ddidaro ar foch Elidir a gorchymyn iddo'n swta eistedd yn ei ymyl gydol y perfformiad.

Ni allodd hyd yn oed William Shakespeare ddenu bryd Elidir y prynhawn hwnnw. Yn nhywyllwch y Neuadd, dau beth oedd ar ei feddwl. Dau berson a dweud y gwir, sef James Geog ac Ann Tremlyn. Rhoddodd y cyntaf o'i feddwl wedi deng munud, canys gwyddai sut i setlo'r athro. Yn araf bach gydol y ddrama bu'n rhwbio caead metel ei bin ysgrifennu yn ôl ac ymlaen ar hyd y briw, gan wybod y codai hynny'r croen a gadael briw coch-ddu hyll ar ei ôl. Erbyn y byddai wedi cyrraedd adre byddai'n edrych cymaint â hynny'n waeth. Gwyddai am dymer ei dad, ac roedd ganddo syniad go lew sut olygfeydd fyddai yn yr ysgol drannoeth. Yn ddistaw bach, gwyddai hefyd yr ennynai'r archoll gydymdeimlad gweddill y plant—ac Ann.

Gwibiai lluniau o Ann Tremlyn o flaen ei lygaid yn barhaol. Mwynder ei chyffyrddiad . . . tynerwch ei chusan . . . yr edrychiad yn ei llygaid . . . meddalwch ei bronnau . . . a dweud y gwir, toedd o ddim yn teimlo cymaint o gywilydd erbyn hyn. Doedd o'n sicr ddim wedi gwneud ffŵl ohono'i hun: doedd o ddim wedi crio, doedd o ddim wedi ymddwyn yn fabïaidd . . . a dweud y gwir eto fyth, roedd o wedi cymryd ei godwm fel dyn, a 'doedd o ddim hyd yn oed wedi achwyn ar weddill yr hogia. Ar ben hynny wrth gwrs, roedd o, ia fo, Elidir Huws, wedi bod yn snogio hefo Ann Tremlyn! A dweud y gwir, achos i lawenhau oedd ganddo!

Cyn i'r perfformiad orffen, cafodd siars bellach gan James Geog i eistedd yn ei gwmni o ar y siwrnai adre.

Roedd yn un o'r rhai cynta yn y twr o blant swnllyd a amgylchynai ddrws y bws gan ddisgwyl i'r gyrrwr ei agor. Roedd mwy nag un o'r hogia mwya wedi'i gyfarch ac wedi deud 'S'mai' wrtho. Gwasgai'r plant o'r tu ôl iddo gan beri i bawb siglo 'nôl a mlaen. Yn sglein y bws sylwodd gyda boddhad fod y marc ar ei foch wedi codi'n hyll. Gwenodd ar ei lun. Yna daeth rhywun o'r tu ôl iddo a sibrwd yn ei glust, 'Mae'n ddrwg gen i Elidir . . . ,' a rhoddodd berchen y llais gusan ysgafn iddo. Troes Elidir, a gwelodd yr un llygaid a'r un edrychiad a welodd ychydig oriau ynghynt. Gwenodd arni, ac roedd ar fin ei hateb pan agorwyd drysau'r bws ac yn y rhuthr a'r sgrambl fe sgubwyd Ann o'i olwg. Brwydrodd Elidir ei ffordd i'w sedd yn dawel.

Roedd James Geog yn fêl ac yn fefus i gyd ar y ffordd adref, ond gwrthododd Elidir dynnu sgwrs ag ef, dim ond ateb ei gwestiynau yn gwrtais a swta. I rwbio halen i'r briw, codai ei law at ei foch yn awr ac yn y man gan ofalu taflu ochenaid i gyfeiriad yr athro wrth ei chyffwrdd.

Roedd Elidir wedi sylwi ar y drych mawr crwn ychydig i'r chwith o ben y gyrrwr, ac wrth wyro ymlaen rhyw fymryn, gallai weld i gefn y bws. Eisteddai Ann ryw bedair sedd y tu ôl iddo, ac ni fu'n hir cyn i'r ddau ganfod llygaid ei gilydd a dechrau gwenu i'r drych.

Ni chredai Elidir iddo erioed fod mor hapus. Roedd cynnwrf ym mhwll ei stumog a'r gwaed yn dyrnu'i galon ac yn pwyo'i ben. Roedd o eisiau codi ar ei draed a gweiddi. Gweiddi dros yr holl le. Roedd o eisiau rhannu ei lawenydd newydd â'r byd i gyd. I brofi ei hyder newydd, fe drodd yn ei sedd, edrych i fyw llygaid Ann a wincio arni. Trodd ei olygon yn ôl i'r tu blaen ond nid cyn gweld y wên lydan a gafodd yn ôl.

Oedd, roedd Elidir Huws yn feddw fawr. Roedd wedi esgor ar ei glefyd.

Liwsí

TYDW i ddim yn ei nabod hi, ond y noson honno roeddwn i'n gwbod nad oedd Pegi Rowlands yn paratoi i anfon ei phlentyn i'r ysgol drannoeth. Er iddi 'neud hynny ers dwy flynadd a chwta ddeufis, roedd y noson honno'n eithriad.

Tydi hi ddim yn fy nabod i, felly wyddai hi ddim fy mod i, y noson honno, yn cymowta yn lled dywyllwch cynnar y nos hefo'r hogia a'r genod ger castell Dolbadarn, a 'mod i wedyn wedi bod yn y Fic yn yfad brown mics, a finna mond yn un-ar-bymthag oed.

Wyddai hi ddim chwaith fy mod i a phawb arall yn dawelach nag arfar y noson honno. Doedd dim min ar ein sgwrs, dim awch ar ddeud jôcs, dim awydd hyd yn oed mynd am grôp i goed Ficrej. Roedd pawb yn ista fel sombis yn mar y Fic. Pawb yn syllu i'w ddiod. Pawb yn ddwfn yn ei feddylia ei hun.

Mi chwalodd pawb tua deg o'r gloch. Mynd fesul un ac un. Mynd yn dawal bach gan adael neb ond y fi a Mei Bach ar ôl.

'Sut ei di adra?'

'Cerddad.'

'Tair milltir!'

'Fyny sig-sag . . . fydda' i ddim ond rhyw awran.'

'Ma John Ifans fancw . . . gei di bas gynno fo.'

'Dwi isho cerddad.'

Mae gin i reswm neilltuol dros gofio'r noson honno, ond tydi hogia fel arfar ddim isho cofio na brolio'r amsar maen nhw wedi crio'u hunain i gysgu, a thydyn nhw chwaith ddim yn licio cyfadda nad ydyn nhw'n dallt rhai petha . . .

Doeddwn i ddim yn nabod Pegi Rowlands, ond ches i ddim dewis, a hyd yn oed bum mlynedd ar hugain yn ddiweddarch mi fydda' i'n dal i feddwl amdani hi . . . a'i merch fach, Liwsi . . .

* * *

'Nefoedd yr adar! . . . 'drych ar sgert y groten 'ma!'

Dim ond mam oedd hi. Yn gwneud y pethau bach. A'r peth bach y noson honno oedd gwnïo'r rhwyg a brwsio'r baw oddi ar sgert cyn yr ysgol drannoeth.

'Smo i'n gwpod beth mae'n wneud yn ystod y dwarnod. 'Wy'n gweud a gweud wrthi, ond beth yw'r iws? Mae'i dillad hi'n frwnt . . . yn fochedd . . . weles i neb tebyg iddi . . . Smo i'n gwpod beth i'w neud!'

Nid cwestiwn ydoedd, ac fe wyddai Gareth Rowlands hynny'n iawn. Dyna pam na fyddai'n taflu mwy na rhyw 'Hmmm' feddylgar yn ôl at ei wraig yn awr ac yn y man. Fe wyddai nad tafodi oedd Pegi mewn gwirionedd, dim ond rhyfeddu pam y cafodd hi, y lanaf o wragedd a'r berffeithiaf o ferched, ferch fel Liwsi.

'Sa i moyn bath heno Mami!'

'Lan llofft!'

'Sa i moyn!'

'Rhaid i ti gal un!'

'Sa i moyn un!'

'Liwsi!'

Er bod y brotest yn ymbellhau, roedd 'sgrwbad' yn

anorfod ac yn anochel.

'Sa i moyn golchi gwallt te!'

'Rhaid golchi gwallt.'

'Ond Mami . . . '

Cyn bo hir, fodd bynnag, byddai'r gweiddi yn tawelu a Gareth Rowlands yn gwenu'n dawel bach wrth glywed y sblashio a'r chwerthin a ddeuai o'r llofft. Roedd Pegi wedi anghofio'r holl ddrygioni mewn chwinciad ac yn troi'r olchad yn hwyl a sbri.

Clustfeiniodd Gareth am y gân, a chyn bo hir roedd llais Pegi Rowlands yn atseinio drwy'r tŷ.

'Deuddeg hen fenyw
a deuddeg hen ddyn
a deuddeg hen gwdyn
ar gefen pob un;
deuddeg hen gath
ymhob un o'r cyde
a deuddeg cath fach
ymhob un o'r cathe.'

'To mami! To!'

Saib fer, a llanwai'r gân y tŷ unwaith eto.

'Pan gysgodd Dici yn y cart
Fe gollodd ei geffyle
A phan ddihunodd holi wnâi
'Ai Dic wyf i ai nage?'
Os Dic wyf i ces golled flin,
Mi golles fy ngheffyle
Ac os nad Dic, 'wy'n fachan smart
Enilles gart yn rhywle!'

Erbyn diweddu'r ail gân roedd y telpyn budr unwaith eto'n ferch fach groeniach lân, a Phegi Rowlands yn dal i hymian wrth rwbio corff ei merch yn ysgafn a gofalus hefo'r tywel. Yn ystod y munudau hyn, byddai breichiau bach yn plethu am wddf y fam, boch yn cyffwrdd boch, a'r gwasgu'n hir ac yn dynn. Câi ei chario i'w gwely.

'Nos da dadi!'

'Ddo i lan nawr!'

Byddai Gareth Rowlands yn aros i'w wraig ymddangos cyn mynd i gusanu Liwsi. Gallai hynny gymryd hyd at hanner awr—roedd y cyfan yn dibynnu ar y stori, ac ar flinder Liwsi.

Prin wyth oed oedd hi, ond fe wyddai'n iawn sut i ymestyn amynedd ei mam a'i thad i'r eithaf.

Dyna'r prynhawn hwnnw y daeth hi adref yn olew ac yn faw i gyd. Dim ond dilyn Nigel i'r garej wnaeth hi . . . a Nigel ddywedodd 'Allwn i whare plant bach Affrica.'

Neu'r prynhawn y daeth hi adref yn waed ac yn ofn i gyd, ac archoll dwfn o dan ei phen-glin. Wedi syrthio oedd hi wrth 'whare sleids ar seiding y reilwe.' Ddylai hi ddim fod wedi mynd yno. At ei mam yr aeth am gysur, ac er bod min ar dafod honno wrth olchi'r briw a'i drwsio, ar adegau fel hyn roedd y ferch fach wedi dysgu anwybyddu tôn y llais, gan edrych yn hytrach i fyw llygaid ei mam.

Nid cerydd welai hi yn rheiny—roedd y tafod a'r llygaid yn dweud pethau gwahanol iawn i'w gilydd, ac ar y llygaid y gwrandawai Liwsi.

Yn y llygaid yr oedd tynerwch a chadernid. Yn y llygaid yr oedd amddiffynfa rhag popeth. Hyd yn oed pan welai hi ddagrau yno, ni welai Liwsi tu hwnt i'r chwerthin.

Hyd yn oed pan wyddai iddi bechu, roedd fel pe bai'n gwybod yn reddfol fod yn y llygaid hynny gaer feddal o faddeuant.

Pan groesai'r fechan y rhiniog bob bore a ffarwelio â'i mam cyn mynd i'r ysgol, yr un oedd deisyfiad y ddwy gydol y dydd—dychwelyd i gwmni ei gilydd. Dyheai'r fechan am ddychwelyd i syllu i lygaid ei mam.

Dyna ddeisyfiad y fam hithau. Âi o gwmpas ei dyletswyddau yn ddigon cydwybodol, ond yn reddfol fe oedai weithiau uwch basgedaid o ddillad neu wrth goginio pice mân, a meddyliai am ei merch yn yr ysgol. Dôi gwên i'w hwyneb a dôi'r pwl mwyaf dieflig o chwithdod drosti. Deisyfai am ei gweld, ei mwytho, a'i charu. Dyna pam yr âi i'w chyfarfod bob dydd, a byddai croeso Liwsi yr un fath yn feunyddiol, a'i chariad bach yn reddfol a digymell.

Byddai Pegi Rowlands yn cofio am byth bob gair o sgwrs y noswaith cyn y bore hwnnw.

'Sa i moyn mynd i'r ysgol fory.'

'Well i ti fynd bach. Be wedith Miss Morgan?'

''Wy moyn aros gatre.'

'Shwd wyt ti'n mynd i ddysgu os nad wyt ti'n mynd i'r ysgol?'

'Wy moyn aros gatre . . . gaf i holideis bach . . . '

'Sa i'n credu bydde Miss Morgan yn blês iawn . . . '

'Helpa i ti smwddo . . . '

Tarodd hi'n ysgafn ar ei thrwyn gyda'i bys.

'Liwsi Rowlands, fyddi di'n codi bore fory ac yn mynd 'da Linda i'r ysgol fel arfer. Ac os cysgi di drwy'r nos, fe gei di rwbeth sbeshial i frecwast.'

Gloywodd y llygaid bach, ond cyn i'r geg agor i holi mwy, cododd Pegi Rowlands ei bys at ei cheg.

'Shshd!' sibrydodd. Gwenodd, a chafodd wên yn ôl.

Yn hwyrach y noson honno, sleifiodd Pegi Rowlands ar flaenau'i thraed i stafell Liwsi. Gwnaethai hyn lawer tro o'r blaen. Tynnodd y tamaid lleiaf o'r dillad gwely yn ôl a syllu ar yr wyneb bach diniwed ymhell yn nyfnderoedd breuddwydion. Sylwodd ar bob crych a groesai'r wyneb, ac fel pe bai'n cyd-freuddwydio â hi, estynnodd fys cynnes i anwesu ei harlais. Daeth cysgod o wên i oleuo'r wyneb.

Roedd hi yno yn smotyn gwyn prydferth mewn byd budr, brwnt. A doedd ganddi neb ond y hi, Pegi Rowlands, i'w chysuro, i'w chofleidio a'i hamddiffyn.

Ond nid y bore hwnnw. Pan oedd fwyaf ei hangen, doedd hi, Pegi Rowlands, ddim yno.

O gwnâi, fe gofiai Pegi Rowlands y diwrnod hwnnw

am weddill ei bywyd.

Hwnnw oedd y diwrnod pan na ddaeth Liwsi adref o Ysgol Pant-glas, Aberfan.

Addysg Bellach

MAE yna derfynoldeb yn y sŵn. Nid sŵn drws yn cau yn unig ydi o, ond clec feunosol i atgoffa 366641 o'i dynged. Clec i'w atgoffa mai dwylo eraill sy'n rheoli ei fywyd. Clec i'w atgoffa na fydd y drws hwnnw yn cael ei agor eto tan y bore. Dim nes y bydd hi'n amser y slop-owt, y brecwast a'r gweir.

Mae Reynolds yn mynd i gael cweir. Mae pawb ar y landing yn gwybod hynny, ond fydd neb yn deud dim. Wrth gwrs, ddylia fo ddim fod wedi rhegi Chalky o bawb. Mi fasa amball i sgriw arall wedi g'leuo fel matshan yn y fan a'r lle; wedi sgrechian yn nhwll clust Reynold nes y basa fo'n fyddar; wedi ei regi a'i fychanu'n ddi-baid cyn stompio oddi yno'n awdurdodol. Nid dyna ffordd Chalky. Mi wenodd y basdad yn rhyfadd, cau ei geg a chilio. Yn ei hen wên ryfadd roedd yna addewid am ddiawl o gweir, ac mi adawodd i Reynolds stiwio.

'Hands off cocks and on your socks!'

Aeth ias i lawr cefn llawer un wrth glywed y waedd foreol y bore hwnnw. Reichman a'i bloeddiodd. Nid dyna ei enw wrth reswm, ond gan mai fo oedd Swyddog Addysg Corfforol y carchar, a chan ei fod yn Almaenwr yn nhraddodiad Führer y Drydedd Reich, doedd ryfedd iddo etifeddu'r enw. Fo oedd y disgyblwr, a doedd dim amheuaeth nad oedd Chalky wedi cael gair ag o.

Aethpwyd trwy'r ddefod o garthu, ymolchi ac eillio.

Drwy'r cyfan roedd Reynolds yn dal i stiwio. Mi allech daeru ei fod yn ddyn dewr, ond roedd yna nerfusrwydd yn ei frafado a'i siarad byrlymus yn y stafell ymolchi. Roedd ei huotledd yn ddiarhebol, hyd yn oed wrth giwio i gael brecwast. Bradychodd ei hun pan ddaeth cyfarthiad Reichman: *'Reynolds! To your cell, boy!'* Roedd yna addewid yn y pwyslais hyll a roddodd ar y gair olaf.

Edrychodd Reynolds i bob cyfeiriad am gymorth. Osgoi ei lygaid a wnaeth pawb. Anadlodd anadl ddofn cyn cerdded yn urddasol yn ôl i'w gell. Gwên ddewr oedd ar ei wyneb pan edrychodd yn ei ôl cyn croesi'r rhiniog. Ymhen ychydig eiliadau dilynwyd ef gan Reichman. Roedd clep y drws yn arwydd i bawb ddechrau canu.

'When I was young I had no sense,
Doo dah, Dooh dah.
Caught my cock on a barbed wire fence
Dooh dah, Dooh dah day . . . '

'Toedd hi erioed wedi bod yn arferiad i ganu dim byd o'r fath amser brecwast ddydd Sul, ond, ucha'n y byd oedd y canu, mwyaf anhebygol oedd neb o glywed corff Reynolds yn cael ei daflu o bared i bared na'i sgrechiadau am drugaredd.

Caeodd 366641 ei lygaid yn dynn. Adre, roedd ei rieni a'i deulu yn paratoi i fynd i'r Capel, a dyma fo, ynghanol cant neu fwy o garcharorion yn canu maswedd tra roedd cyd-ddyn iddo'n cael ei waldio'n slwj. Ond pwy oedd o i godi'i lais? Oni fyddai'n waeth arno pe gwnâi? 'Derbyn y drefn a chau dy geg.' Dyna'r cyfarwyddyd a roesai'r sgriw o Gymro iddo ar ei ddiwrnod cynta.

'Took my girl to a baseball match
Sat her in the front,
Along came a baseball
And hit her in . . . '

Distawodd y canu, ac er bod y carcharorion oll yn taro'r byrddau i rythm y gân ac yn pwysleisio pob gair budr, mewn ychydig eiliadau roedd pawb yn fud a phob llygad yn syllu tua chell Reynolds. Roedd y drws ar agor a Reichman yn brasgamu'n dalog oddi yno.

'Eat your food!' gorchmynnodd un o'r sgriws.

Ni syflodd yr un pâr o lygaid o ddrws cell Reynolds, a phan ddaeth y creadur hwnnw allan, bron na chlywid pawb yn tynnu anadl gyda'i gilydd. Nid oedd modd yn y byd y gallai'r creadur weld dim. Ffrydiai gwaed o'i ddwy-ffroen, ac roedd diferion wedi staenio'i grys. Roedd un llygad wedi cau a sbonciai gwaed o doriad hyll uwchben y llall.

'Eat your food!!' gwaeddodd y Sgriw drachefn.

Roedd Reynolds yn ceisio gweiddi rhywbeth, ond ddeallodd neb yr hyn a ddywedodd. Roedd ei eiriau nesaf fodd bynnag yn ddealladwy i bawb:

'You fucking Nazi bastard!'

Oedodd Reichman. Cochodd, a throi.

'Back inside!' cyfarthodd ar Reynolds.

'Fucking Hitler!' heriodd hwnnw'n ddi-hid.

Dau gam bygythiol a gymerodd Reichman cyn i lais arall hollti'r distawrwydd annifyr.

'No!'

Sipsi bychan eiddil oedd Dickie Murphy a oedd yn treulio ychydig fisoedd yng ngharchar am smocio cyffuriau. Buasai 366641 yn ei gwmni droeon yn ysgrifennu llythyrau ar ei ran gan ei fod yn anllythrennog.

Mewn anghrediniaeth lwyr, troes Reichman. *'WHO . . . SAID . . . THAT?!'* gofynnodd, gan bwysleisio pob un gair.

Cyfarfu deubar o lygaid a chloi mewn brwydr a barodd am eiliadau meithion. Y bychan a orfu, ac ymhen ychydig, *'No more,'* meddai'r sipsi yn glir ac yn groyw, gan godi ar ei draed. Y foment honno, sylweddolodd Reichman a phawb arall fod yn y sipsi ddewrder na ellid ei golbio ohono. Cododd murmur o gytundeb o blith y carcharorion, a safodd pob un ar ei draed, un ar ôl y llall.

Nodiodd Reichman ei ben yn araf ac ildiodd. Ciliodd a'i gynffon rhwng ei afl.

Drwy'r dydd bu digwyddiadau'r bore yn pwyso ar 366641. Roedd yn ail-fyw golygfeydd amser brecwast, gan ddychmygu ei hun yn rôl y sipsi. Cysurodd ei hun y buasai yntau wedi achub cam Reynolds ond bod y sipsi wedi cael y blaen arno. Wedi'r cwbwl, dim ond codi ar ei draed a llefaru un gair ddaru o.

Gan ei bod yn Nos Sul, cyn noswylio penderfynodd weddïo yn y tywyllwch. Roedd eisoes wedi llunio gweddi fer a phwrpasol yn ei feddwl, ond pan ddaeth yn amser i'w llefaru, yr unig beth a fedrai ei ddweud oedd, 'Arglwydd, maddau i mi am fod yn gachwr.'

Viva Rechebeia!

GWELODD Rechebeia'r plisman pan ddaeth rownd y tro, ond roedd hi'n rhy hwyr. Gyda rheg a sgrech brotestiol y brêcs, daeth y car i aros ddwy droedfedd yn unig o ben-gliniau'r swyddog. Gyda'i drwydded yrru eisoes yn berwi o bwyntiau, doedd ond un peth amdani. Agorodd ei ffenest a gwenodd yn ymddiheurol ar y sarjant.

'Biwtiffwl morning, Insbectyr.'

'Sarjant!'

Gwyddai hynny'n burion. Esgus o syndod.

'Be?'

'Sarjant ydw i Mr Rees, a 'dach chi'n gwbod hynny'n iawn.'

'Wyddoch chi be, mi faswn i'n taeru eich bod chi'n . . . yn Insbectyr o leia . . . rhywbath yn eich stans chi . . . '

Tynnodd y sarjant lyfr nodiadau o'i boced frest, lledodd rhyw fymryn ar ei draed i gael balans iawn wrth sgwennu, a chyda llyfiad llyfn ar ei bensil, cychwynnodd ei barabl.

'Name?'

'Rechebeia Rees.' (Fel y gwyddost titha'n iawn y cythral.)

'Address?'

'Ffifftîn Llywelyn Avenue . . . ylwch sarjant, dwi ar frys . . . fy mam-yng-nghyfraith wedi marw bora heddiw yn Nottingham—yn ei chwsg yn ôl y Ficer . . . Ficer Pritchard . . . '

Bron na theimlai ryw dinc o orfoledd yn llithro i'w lais. Gobeithio na ddaru'r slobyn tew sylwi. O leia roedd o wedi peidio ag ysgrifennu.

'Name?'

'Dwi newydd ddeud wrthach chi . . . Rechebeia Rees . . . '

'Enw eich mam-yng-nghyfrath oeddwn i'n feddwl . . . '

'Hanna Marrow Gwalia-Jones . . . heiffeneted . . . '

'Lle mae hi . . . lle roedd hi'n byw?'

'Nottingham . . . Adver Park Drive . . . lot o Gymry yno . . . '

'Ac mi rydach chi ar y ffordd yno rŵan?'

'Reit agèn sarjant.'

Nid o-lefal ffêld oedd hwn ond ilefn plys ffêld. Roedd mymryn o obaith fodd bynnag. Teimlai Rechebeia yn o sicr nad oedd yn mynd i gael ei fwcio. Gwell dechrau siarad.

'Fi sy'n gorfod gneud y trefniada i gyd 'chi . . . roedd hi isho dod yn ôl i fynwant 'reglwys . . . ei chladdu hefo'i gŵr . . . 'rhen gnawa . . . 'rhen greaduras . . . '

Caeodd y sarjant ei lyfr yn glep a thrawodd ef yn ei boced frest. Diflannodd y bensil i'r un boced. Pwysodd ar do'r car: 'Gan fod y syrcymstansys yn y cês yma mor escepshynal . . . dwi am adal i chi fynd hefo côshyn yn unig . . . ond dwi yn rhoi worning i chi . . . a gan fy mod'i wedi rhoi eich enw chi yn y nôt bwc . . . mi fedra i ddeud ma rwtîn inspecshyn oedd hon . . . Mi fydd rhaid i chi fynd â'ch leishans a'ch inshwrans a dociwments y car i'r offis pen yr wsnos . . . a gwatshwch eich sbîd o hyn allan . . . iawn?? . . . ac ma'n ddrwg gin i am eich profedigaeth chi . . . '

'Thenciw sarjant . . . diolch yn fawr . . . '

'Y cwd tew,' meddai wrtho'i hun ar ôl cau'i ffenast. Cychwynnodd drachefn, yn araf y tro hwn, ond y munud y cafodd gefn y botwm gwasgodd ei droed yn ffyrnig ar y sbardun. Taflodd drem â chornel ei lygad at y cloc. Gallai fod yn Nottingham cyn dau pe câi lôn glir. Dechreuodd ganu dros y lle.

A dweud y gwir roedd gan Rechebeia ddigon o reswm dros ganu y bore hwnnw. Roedd newydd droi pump a deugain oed; wedi claddu Fflur, ei ddraig o wraig, nid oedd wedi cael swydd sefydlog ers ugain mlynedd, ac yr oedd o dros ei ben a'i glustiau mewn dyled i'r banc. Ond roedd eco'r gic a roesai Hanna Marrow i'r bwced yn fêl i'w glustiau, ac roedd ffawd yn gwenu. Mwy na thebyg fod yr hen Hannah wedi gadael ei holl eiddo daearol i'w fab ef, Rhodri. Bu'r cadach cythral yn gannwyll ei llygaid am ymron i ddeng mlynedd, ond gan mai Rechebeia fyddai'n gofalu am yr arian nes deuai ei fab i oed . . . dechreuodd gyfri ffeifars yr hen Hannah a buan y llyncodd foned y car y milltiroedd.

* * *

Bu'n gas ganddo Hannah Marrow Gwalia-Jones ers y dydd cyntaf y trawodd lygaid arni. Roedd Fflur wedi mynd ag o i Nottingham i gyfarfod â'i rhieni. Gallai yn awr gofio'r hen wên sbeitlyd honno oedd ar ei gwefusau meinion wrth iddi ynganu ei enw.

'Eow! . . . a dyma Rech-e-beia ai e?'

'Nage Mami, Rechebeia . . . un gair ydi o . . . '

'Rydw i'n credu y galwa'i o yn Rech-e-beia . . . mae o'n gweddu'n well . . . ac yn haws i'w gofio . . . '

Bitsh! A Rech-e-beia a fuodd o hyd ddiwedd ei hoes. Ond nid hynny yn unig a fu'n achos i Rechebeia gasáu ei fam-yng-nghyfraith.

Wedi priodi Fflur, gobaith Rechebeia oedd y buasai Hanna Marrow yn hael ei anrhegion a'i harian yn enwedig ar ôl i'w gŵr Robert Gwalia-Jones, neu Bob Sbaddu Sbanials i hogia'r Bwl yn Llangefni, gael ei alw ymaith i gyfarfod â'i Greawdwr. Fe fu Hannah yn hael, o do! Talai bum cant punt yn fisol i gyfrif banc personol ei merch, a dim ond ar ôl priodi y sylweddolodd Rechebeia fod tipyn o'r fam yn y ferch. Hen snortan snobyddlyd hunanol oedd hi. Chafodd Rechebeia ddim dimau erioed ganddi—gwariai'r cyfan ar ddillad a phowdrach a phaent. Y trefniant oedd fod Rechebeia yn cael cadw pob dimau a enillai fel Tiwniwr Pianos a bod Fflur i gadw'r tŷ o lwfans hael ei mam. Bu'n briodas dymhestlog, ac nid oedd yn syndod o gwbl na fu'r berthynas rhwng y mab a'r fam-yng-nghyfraith yn un glós.

Daeth pethau i ben yr haf cyntaf hwnnw. Cwta ddeufis oed oedd y briodas, a Bob Sbaddu Sbaniels heb oeri'n iawn o dan y dywarchen. Bu'n rhaid mynd i Nottingham i ddweud wrth Hannah fod epil ar y ffordd ac i longyfarch y ddarpar-nain. Ar amrantiad, wedi cilio o'r sioc a'r syndod, dyma ffonio'r Ficer a'r Cyfreithiwr. Doedd dim twsu na thagu mai mab oedd y darpar epil a bod angen selio ei rawd addysgol cyn i'r ddeuddyn ifanc ddychwelyd i Gymru fach. Roedd o eisoes wedi ei fedyddio, ei ddilladu a'i addysgu cyn i Rechebeia glwydo'r noson honno.

Drannoeth, ar orchymyn Hannah, roedd Rechebeia i dreulio tafell o fore cyntaf ei wyliau yn Nottingham ym mherfeddion y Baby Grand yn nghornel y parlwr. Roedd Mei Ledi yn cael ilefnsus allan ar y patio yng nghwmni ei chyfreithiwr. Ac yntau yn ddyfal durnio yng nghrombil y piano ac yn straenio'i glust i geisio nodyn perffaith, safodd yn stond. Gallai glywed pytiau o sgwrs y ddau oedd am y pared ag o . . . Hannah oedd yn llefaru . . . ' . . . to my future grandson . . . just in case something happens to my daughter . . . his filthy, greedy hands on them . . . '

Dyna'i gêm hi ai e? Efallai ei fod yn gwario'i bres ar gwrw, ffags a cheffylau, ac yn aml iawn heb geiniog goch y delyn ar ei elw, ond fe allai'r bidlan aur fach yna roi ugain mil iddo fory nesa heb weld eu heisiau. O'r foment honno, rhoddodd Rechebeia ei gas arni, ac ni fu dim chwaneg o Gymraeg rhyngddynt.

'Rech-e-beia!'

Dim ateb.

'RECH-E-BEIA'

Dim ateb.

'RECH-E-BEIA!!!!!'

'Oeddach chi'n galw?'

'Dowch yma . . . *at once* . . . dangoswch Mr Nhadin Ehnvawr i'r drws . . . '

'Rwy'n brysur.'

'Does bosib eich bod chi'n rhy brysur i . . . '

'Rwy'n tiwnio eich blydi piano chi ddynas!'

Clywodd yr 'Ohh!' ffïaidd a daflodd i'w gyfeiriad, yna'r or-ymdrech i hercian at y drws i hebrwng y cyfreithiwr allan. Wedi cau'r drws, bywiogodd drwyddi, a gwelai Rechebeia hi yn cymryd y grisiau fesul dwy a thair ac yn 'nelu'n syth am ystafell ei merch. Manteisiodd Rechebeia ar y cyfle i ddianc i'w gar i wrando ar gerddoriaeth wallgof Mozart.

Ni fu pethau'n dda rhyngddo ef a Fflur o'r dydd hwnnw hyd ei marwolaeth. Anfonodd fil o gan punt i Hannah am diwnio'i phiano ond ni chafodd dâl. A dweud y gwir toedd o ddim yn disgwyl dim—dyna pam y tiwniodd o'r Baby Grand yn anghywir. Dim ond unwaith ers y dydd hwnnw y gwelsai ei fam-yng-nghyfraith wedyn. Yn angladd Fflur. Mynnodd hithau dalu holl gostau'r gladdedigaeth. Buasai Rechebeia wedi bodloni gwneud petai *Death or Glory* wedi ennill y ras dri o'r gloch yn Doncaster.

* * *

Yn awr, ac yntau ar gyrion Nottingham, ymhen ychydig wythnosau . . . na! ymhen ychydig ddyddiau efallai, fe fyddai'n rheoli miloedd ar filoedd o bunnoedd. Roedd eisoes wedi gorfod pwyso'n galed ar Jini Jones i lenwi'i gar y bore hwnnw, gan addo talu'n llawn am yr ugeiniau o alwyni a yfodd y car eisoes pan gâi arian yr hen wraig. Ymhen deng munud arall yr oedd wedi aros ger llidiart llydan cartref Hannah Marrow Gwalia-Jones yn Adver Park Drive. Gadawodd ei gar a cherdded at y tŷ. Cnociodd ar y drws. Y cyfreithiwr a atebodd.

'Morning Mr Rees . . . Nhadin Ehnvawr.'

Estynnodd bawen ddu.

'Ai nô hŵ iw âr. S'mai wa?'

'What?'

'Hyw âr iw?'

'Very well thank you . . . '

'Whêr âr ddi yndyrtecyrs?'

'Your dear departed Mother-in-law left everything in my hands . . . and since your son is the only beneficiary, there is nothing that I need discuss with you at this moment in time, other than to get her remains back to Wales in time for the interment, scheduled at 11.30 a.m. on Thursday. Following that service we shall hold a meeting to discuss the Trust Fund which the late Mrs

Gwalia-Jones set up for her only grandson.'

Cynhesodd calon Rechebeia, er nad oedd o'n dallt y jargon. Yr unig beth pwysig iddo fo oedd faint a phryd.

'Whêr âr ddi yndyrtecyrs?'

'They shall meet you here in two hours time. Unfortunatly, I have a pressing engagement. I cannot stay that long, but I have here one hundred and fifty pounds to pay Mr Englander, the Undertaker, a sum which he has assured me will be sufficient to meet all his costs. I trust that you will assist Mr Englander in all ways, and there will be of course a sum in consideration of renumerating you for your services and any costs incurred . . . '

Estynnodd amlen hufennog dew i'w ddwylo.

Blydi Hel! Cant a hannar am fynd â'r sguthan adra! Beth ar wynab y ddaear a barodd iddo fynd yn diwnar pianos?

Aeth Nhadin Ehnvawr, gan adael Rechebeia ei hunan bach. Cerddodd yn araf i fyny'r grisiau i stafell wely Hannah. Llyncodd ei boer ac agorodd y drws. Llithrodd ei olygon gydag ymyl y drws fel yr agorai. Yn y lled dywyllwch, gwelai'r hen Hannah yn gorwedd ar ei gwely, yn llawer mwy llonydd nag y'i gwelsai erioed. Edrychai bron yn ddiniwed yn ei choban wen a'i llygaid wedi'u cau. Ond ni allai powdwr y greadigaeth guddio'r creulondeb a fradychai'i gwefus uchaf. Mewn marwolaeth hyd yn oed roedd i honno ryw gyrlen ffïaidd.

Ni allai Rechebeia aros ennyd yn hwy. Rhaid oedd gadael y stafell, gadael y tŷ a mynd. Mynd i rywle . . . dim ots i ble . . . Tafarn y Dil-et-Tante rownd y gornel a gafodd y pleser o'i gwmni. Galwodd am beint o Murphys a chwisgi dwbwl. Diod a bwyd a meddyginiaeth yn un. Tynnodd un o ffeifars Nhadin o'r amlen a'i tharo ar y bar. Diawch, fe fyddai'n rhaid cael petrol hefyd . . . Aeth i'r amlen drachefn a thynnu pedair arall allan a'u stwffio i'w bocad din.

Yfodd y chwisgi ar un llwnc. Cystal iddo gael un arall. Ac felly y bu—am awr a hanner. Yn ystod yr amser hwnnw diflannodd dau beint ac wyth chwisgi mawr. Erbyn tri o'r gloch aethai'r ymgymerwr yn angof. Roedd y dafarn yn orlawn a Rechebeia'n simsan ar ei draed. Ar styllan o lwyfan y tu ôl iddo dechreuodd rhyw bwt o lefran hanner noeth ganu a dawnsio. Wedi dwy neu dair cân, prin y gwelai Rechebeia lathen o'i flaen gan fwg a chyrff swnllyd. Yfodd ei ddiod a galwodd am y nesaf.

'Jysht wan môr . . . ' meddai wrth y gwallt potal . . . 'Ai haf tw têc mai myddyr-in-lô bac tw Wêls . . . '

'Let her walk, luv . . . '

Edrychodd arni mewn syndod. Yna pan sylweddolodd ystyr ei geiriau dechreuodd chwerthin. Sylweddolodd fod pobl yn edrych yn syn arno, ond beth oedd yr ots? Glynai geiriau'r ferch yn ei gof. Go dda! Gadael iddi gerdded! Cododd ei wydraid i ddrachtio'r olaf ac yna trawodd ar syniad. Pam ar wyneb y ddaear y dylai dalu cant a hanner i ryw sbwbach o Nottingham am wneud rhywbeth y gallai o wneud ei hun? Yn sicr byddai gan Harri Hoelan Wyth arch redi mêd o goed *weetabix* tua phymthag punt . . . pymthag arall am betrol . . . ei unig broblem oedd sut i fynd â Hannah Marrow yn y car.

Ei phropio i fyny yn y sedd flaen a chlymu'r belt yn dynn amdani? . . . Na . . . ei gosod i orwedd ar y sedd gefn a thaflu hen gwilt drosti? . . . Na . . . car deuddrws oedd ganddo . . . Y bŵt! . . . Na eto, o gofio maintioli corfforol yr ymadawedig . . . Yna cofiodd am y rac ar y to . . . Rŵan, pe medrai o . . . dechreuodd bwffian chwerthin . . . Estynnodd ddegpunt arall o'r amlen a galwodd am botel fach o chwisgi i fynd allan. Roedd ganddo waith i'w wneud.

Cerddodd yn sigledig at ei gar. Gyrrodd i'r garej agosaf, a llanwodd y tanc â phetrol . . . Go damia, os oedd y cynllun yma yn mynd i weithio, roedd o'n haeddu stêc! Roedd hi eisoes wedi tywyllu pan gyrhaeddodd Adver Park Drive. Roedd y botel chwisgi yn wag ar sedd flaen y car a'i chynnwys, ynghyd â stêc anferth, yn saff o dan felt ei pherchennog. Gwthiodd ddrws y tŷ yn agored a theimlodd y carped ar lawr y cyntedd.

'Jysht neish . . . ' meddai'n uchel wrtho'i hun. 'Jysht neish.'

Chwarter awr yn ddiweddarach roedd y ddiweddar Hannah Marrow Gwalia-Jones wedi ei rhowlio'n ddestlus mewn wyth troedfedd o shag-peil gorau Cyril Lord ac wedi ei chlymu â chortyn beindar i'r rac a oedd ar ben yr hen Vauxhall.

'Myn uffar i! Cha i ddim ffordd ratach na hon... byth!'

Eisteddodd Rechebeia yn sedd y gyrrwr. Pum munud i saith. Cwta ddwy awr a byddai adref yn ei wely bach... Ond beth pe bai'n cael ei stopio? Oedd yna rywbeth yng nghyfraith Lloegr oedd yn ei wahardd rhag mynd ag aelod o'r teulu am dro mewn carped ar dop ei gar? Cysurodd Rechebeia ei hun nad oedd. Am chwarter wedi naw, ac yntau o fewn pum munud i'w gartref bu'n rhaid iddo aros ger Garage Express i ateb galwad natur.

'Waeth i mi gael panad ddim,' meddai wrtho fo'i hun pan welodd fod y caffi gyrwyr loriau ar agor ger llaw'r garej. Cododd fygaid poeth o de iddo'i hun ac aeth i gornel i'w hyfed. Y peth nesaf a gofiai oedd rhywun yn ei bwnio yn ei sennau.

'Be... be sy'n bod?'

''Da'ch chi wedi bod yn cysgu...' Edrychodd ar ei wats yn wyllt. Roedd hi wedi deg! Rhuthrodd o'r caffi at ei gar. Doedd dim golwg o hwnnw'n unman. Meddyliodd am ffonio'r heddlu, ond beth allai ddweud wrth y rheini? Dweud ei fod yn feddw a bod rhywun wedi dwyn ei gar, ei garped a'i fam-yng-nghyfraith? Y peth callaf i'w wneud oedd cerdded adref, wedyn ffonio'r heddlu. Mi fyddai wedi cael amser i sobri erbyn hynny.

Dechreuodd gerdded. Roedd hi'n drybeilig o oer. Clywodd gar yn dod o'r tu ôl iddo ac estynnodd ei fawd allan.

‘Wel, wel . . . Mr Rees yntê?’
‘H . . . h . . . helo sarjant.’
‘Wedi colli’ch car?’
‘Torri i lawr . . . bodio adra.’
‘Neidiwch i mewn ta . . . dwi ar fy ffordd o Gaerdydd . . . demonstreshyn y petha iaith ’ma . . . mi alla i fynd â chi at ddrws eich tŷ.’
‘Diolch.’
‘Lle torrodd eich car chi?’
Roedd Rechebeia ar fin dweud lwmp o gelwydd pan welodd y Vauxhall wedi ei barcio ar ochr y ffordd o’i flaen.
‘D . . . draw yn fan’cw . . . welwch chi?’
‘O . . . cerdded yn ôl am y caffi wnaethoch chi?’
‘Ia, ia . . . . a deud y gwir sarjant, ella os gollyngwch chi fi yn fama y bydd yr hen gar wedi dod ato’i hun ’ychi . . . ’
‘Ylwch . . . mi ’drycha i be sy matar . . . dwi’n dipyn o giamstar ar drin ceir wyddoch chi.’
Parciodd ei gar y tu ôl i’r Vauxhall, agorodd y drws a cherddodd i’r gwyll. Dilynodd Rechebeia ef.
‘Roeddach chi’n risgio braidd gadael carpad da fel hwn ar do’r car.’
‘Toedd gin i fawr o ddewis yn nag oedd?
‘A gadael y goriad yn yr ignishyn!’ Trodd y sarjant yr allwedd a chychwynnodd y car yn syth.
‘Be ddeutsoch chi oedd yn bod arno fo?’
‘Diawledigrwydd siwr o fod . . . ylwch . . . hwdiwch . . . ’
Aeth Rechebeia i’r amlen ac estyn deg punt.
‘Diolch i chi am bob dim . . . ’
‘Fel aelod o’r ffôrs alla i ddim derbyn . . . ’
‘Fel ffafr, sarjant . . . ’
‘Fedra i ddim . . . ’

‘Off ddy record . . . ’

‘Wel . . . ’

‘Nos dawch sarjant!

‘Nos dawch Mr Rees, a diolch . . . ’

Llamodd modur y plisman i’r gwyll a rhoddodd Rechebeia ochenaid o ryddhad. Suddodd i’w sedd, rhodd-odd y car mewn gêr, a chychwynnodd tuag adre.

Yn sydyn, fe wyddai fod rhywbeth mawr o’i le. Roedd hi’n drybeilig o oer yn y car. Yn rhy oer. Roedd rhyw wynt ar ei wegil. Edrychodd yn y drych. Agorodd ei lygaid led y pen. Roedd cysgod ar y sedd gefn. Rhodd-odd ei galon lam—ei llam olaf.

Llefarodd y cysgod. Pedair sill angau: ‘RECH-E-BEI-A!’

Tri ŷm ni

Prolog

'DWI 'misho mynd i'r capal!'
'Tyrd yn dy flaen, Jo.'
'Tydi plant erill ddim yn gorod mynd . . . '
'Os ydi dy dad a dy fam yn deud . . . '
'Dwi'n sâl.'
'Jo!'
'Mi rydan ni'n mynd fel teulu . . . y tri ohonan ni . . . '

Golygfa 1

'Mair fach, fedran ni mo'i dalu o!'
'Ond mae'r llythyr yma'n deud y bydd yna achos llys . . . '
'Rhaid i ni ddengid o'ma . . . '
'O leia mae gynnon ni'r garafan 'ma fel to uwch ein penna . . . '
' . . . a dim byd arall ond hasl dragwyddol. Tydw i'n clywad dim ond y dreth felltith 'ma un dydd ar ôl y llall, dwi'n deud y dylian ni symud o'ma . . . wedyn mi fyddwn ni wedi setlo i lawr erbyn y caiff y bychan ei eni. Ella ca i waith . . . '
'Yn lle, Jo? Pwy sydd isho, a phwy fedar fforddio saer

y dyddia yma?'

'Telifision . . . fel oedd y boi yna'n ddeud estalwm . . . '

'Be ti'n feddwl?'

'Mi awn ni am Dreddafydd . . . lle mae'r pres . . . siawns na cha i waith gin un neu fwy o'r Cwmnïau Annibynnol yna—maen nhw wastad isho saer o gwmpas i adeiladu setia a gwella'u tai crand . . . petha felly.'

Golygfa 2

'Mr Ifans? . . . mae yna ddyn a'i wraig yn risepshyn . . . isho pres a lle i aros . . . '

'Cym on Margret! Deudwch ein bod ni wedi cau dros Dolig . . . '

'Ond maen nhw i'w gweld mewn anobaith llwyr Mr Ifans.'

'Roedd y Swyddfa yma'n cau am hannar dydd ac mi fyddwn ni'n ailagor mewn tridiau . . . '

'Ewch *chi* i ddeud hynna wrthyn nhw ta?'

'Go damia chi Margaret! 'Nôl â chi i'r parti yna . . . Morris!'

'Ia syr?'

'Mae yna ddau yn risepshyn yn begera. Ewch i gael gwared â nhw.'

'Reit syr.'

Arafodd ei gam a gwisgodd ei wyneb awdurdodol.

'Sori, 'dan ni wedi cau tan ar ôl Dolig.'

'Does gennym ni ddim lle i aros dros yr Ŵyl . . . mae Mair yn disgwyl unrhyw ddiwrnod . . . a toes gen i ddim dima o bres . . . '

'Lle 'dach chi wedi bod tan rŵan?

'Crwydro'r strydoedd . . . '

'Mae'n parti Dolig ni wedi dechra . . . fedar neb wneud dim tan ddydd Iau . . . '

'Be am le i aros . . . ?'

'Rhaid i chi fynd i offis y cownsil . . . '

'Fedrwch chi ddim cysylltu â nhw?'

'Maen nhw i gyd yn y *Crown* . . . mae ganddyn nhwythau barti hefyd.'

'Oes yna ddim byd fedrwch chi ei wneud?'

'Rhoswch funud . . . '

'Nôl i'r mwg. 'Nôl i'r cwrw a'r gwin. 'Nôl i'r sŵn.

'Does ganddyn nhw ddim byd syr . . . dim pres na lle i

aros . . . ac mae hi'n disgwyl plentyn . . . '

'Morris, roeddwn i'n meddwl 'mod i wedi'ch dysgu chi i nabod sgrownjars ac i ddelio'n galed â phobl sy'n trio sgriwio'r system . . . 'dach chi ddim yn dallt ddyn? . . . - maen nhw yma am ei bod hi'n Ddolig . . . meddwl ein dal ni yn ein gwendid . . . '

'Ond nid dyna ydi'r rhain syr . . . mae yna rywbeth yn wahanol . . . '

'Rydw *i* wedi dechra 'ngwylia Morris. Rŵan os na fedrwch chi ddelio hefo'r bobol yma, mi yrra i Robinson . . . '

Gadael y rhialtwch ac yn ôl i noethni'r swyddfa. Gwisgo gwên.

'Rhoswch yn fan'na am funud . . . mi dria i gael gafael ar rywun i chi.'

Galwad ffôn neu ddwy . . .

'Peredur Roberts plîs . . . '

'Pered? . . . '

'Iwan Morris . . . problem fach . . . dau isho lle i aros heno . . . dwi'n gwbod.'

'Wyt ti . . . dwi'n dallt hynny—tydw i mewn parti fy hun . . . ti ddim isho tacsi . . . deng munud o gerddad ydi o . . . fydd dydd Iau yn dda i ddim yn na fydd . . . '

Saib.

'Yli, paid â phoeni . . . Nadolig Llawen boi.'

Troi tudalennau'n wyllt.

'Saith . . . tri . . . dau . . . un.'

'Gwasanaethau Cymdeithasol os gwelwch yn dda . . . Iwan Morris DSS . . . '

'Yndw dwi'n dallt ei bod hi'n Ddolig . . . argyfwng . . . imyrjensi . . . pwy sydd ar ddyletswydd ta? . . . ga i siarad hefo hi plîs . . . os ydi hi ar ddyletswydd tydi hi ddim mewn parti yn nac ydi?'

'Ylwch! Dalltwch chi . . . mi fydda i'n ôl . . . '

'Mae'n ddrwg gen i'ch cadw chi . . . ond mae'n anodd cael gafael mewn pobol . . . helo? John Morris, swyddfa'r Prif Weithredwr os gwelwch yn dda . . . dwi'n gwybod . . . deudwch wrtho fo mai Iwan ei gefndar sydd yma . . . '

Saib.

'John? . . . . ffafr bach . . . mi ddo i draw pan fedra i . . . fedri di wneud un galwad i mi . . . yn rhinwedd dy swydd . . . Sophie Jones . . . ma'r bitsh yn gwrthod delio hefo fi a hitha ar ddyletswydd . . . na, mae gin i argyfwng go iawn . . . chwtha air neu ddau lawr ei chlust hi . . . diolch boi . . . mi fydda i hefo chdi tua phedwar . . . iawn?'

'Ylwch, mi fydd yn rhaid i mi aros am un alwad ffôn . . . pryd cawsoch chi fwyd ddweutha?'

'Echdoe gafodd Jo, mi ges i ddoe . . . '

'Dach chi ddim wedi cael pryd o fwyd heddiw?'

'Na . . . '

'Dwi ddim yn dallt . . . o le 'dach chi wedi dod?'

'Mae'n stori hir . . . '

'Rhoswch funud, dwi'n siwr fod yna rywbeth sbâr drwadd yma.'

Sleifio rownd y bwffe unwaith.

'Ylwch, mi wn i nad ydi sosej rôls, brechdana ŵy a mins peis yn llawar, ond helpwch eich hun . . . A! Dyma'r alwad mae'n siwr . . . Miss Jones, wnewch chi faddau i mi? . . . sori i'ch styrbio chi . . . a diolch yn fawr i chi am gysylltu â mi a chitha mor brysur . . . dau . . . gŵr a gwraig . . . dim lle i aros . . . rhywbeth tan ddydd Iau . . .mi fedar yr offis yma ddelio hefo fo wedyn . . . mi fydd angen bwyd . . . ac efallai gofal meddygol . . . be ydi'r cyfeiriad . . . Yr Hafod . . . ac mi fydd y perchennog yno? . . . iawn. Reit Miss Jones, diolch . . . ylwch, dwi'n logio'r alwad yma yn fy Nyddiadur am saith munud wedi dau . . . mi fydda i'n gyrru'r ddau hefo tacsi erbyn . . . ooooo . . . tua hannar awr wedi dau, a'u trosglwyddo nhw i'ch gofal chi . . . diolch yn fawr iawn Miss Jones . . . '

Rhyddhad.

''Dach chi wedi cael lle i ni?'

'Mae gan yr Adran Gwasanaethau Cymdeithasol restr o leoedd mewn argyfwng . . . tŷ haf ydi hwn, wedi'i ddodrefnu cofiwch . . . mae'r perchennog yn byw yn ymyl. Sais ydi o . . . dyn clên iawn. Yr Hafod ydi enw'r lle . . . dyma fo'r cyfeiriad . . . mi gawn ni dacsi i chi rŵan, ac mi ddylai Miss Jones fod yno yn eich disgwyl chi . . . '

Golygfa 3

Gadael rhialtwch y dafarn, a thri brwysg yn cerdded tua'u cartrefi.

'Pwy wyt ti i siarad am gyfraith a threfn?'

'Wel, dwi'n blisman . . . '

'Sydd newydd fod yn yfad ar ôl oriau cau . . . '

'Dolig ydi hi!'

'Dolig ddiawl!'

'A be 'dach chi wedi bod yn ei wneud drwy'r nos?'

'Jyst cael diod neu ddau cyn Nadolig . . . '

'Am be dach chi wedi bod yn *siarad* dwi'n feddwl?'

'Wn 'im . . . pob peth . . . 'n do? O dai haf at . . . '

'Blydi cyfloga a Curriculum Cenedlaethol . . . '
'Wel, mi rydan ni'n athrawon . . . '
'A phetaech chi'n ca'l eich talu yn ôl risylts fasa'r un ohonach chi'n ennill mwy na dwy fil y flwyddyn . . . '
'Tasach chi'n rhoi gymint o'ch amsar i ddal Meibion Glyndŵr ag ydach chi'n ei roi i fframio pobol . . . '
'Cym on rŵan . . . stopiwch hi . . . 'Esu mae'n Ddolig fory—lle mae ysbryd yr Ŵyl?'
'Nid fy syniad i oedd cerdded tair milltir adra . . . ar yr . . . '
'Thri point tw mails acshiwali . . . a'r lôn ydi'r B6526 . . . '
'Ac mi neith fyd o les i chdi anadlu awyr iach i dy sgyfaint.'
' . . . Tydi'r lôn ma'n dywyll . . . '
'Mae'r lleuad yn taflu digon o olau siwr . . . '
' . . . a'r sêr . . . '
'Ti'n cofio gwersi Boy Phys? Sbïa . . . dacw'r Plow yli . . . a rhyw lathan i fyny trwy'i blaen hi . . . Seren y Gogledd . . . '
'Y?'
'Ti ddim yn gweld rheina? . . . siâp aradr . . . 'Rarglwydd, wrth nabod sêr mae llongwrs yn plotio taith eu llongau siwr Dduw . . . '
'Be di'r saith seran yna ta? . . . rheina uwchben ei gilydd . . . ?'
'Mast Nebo!'
'Watsha lle ti'n cerddad . . . mae yna faw ar y lôn . . . '
'Llgada cath a thrwyn plisman!'
'Sbïa o ddifri, mae yna geffyl neu rywbath wedi bod ar y lôn yma . . . '
''Rarglwydd be di hwnna?!'
'Gola . . . seren?'

'. . . Eroplên? . . .'
'*Flare* . . . llong mewn trafferth'.
'Fasa hi ddim yn tanio fan'na'r lob gwirion . . .'
'*Scud* ar goll 'di hi . . .'
'Paid â siarad yn wirion . . . shd am funud . . .'
'Dim sŵn . . .'
'Mae o'n symud . . .'
'IW EFF O! Blydi syrt . . .'
'Dim perig . . .'
'Dim ffiars . . .'
'Dwi'n mynd i'w ddilyn o . . .'
'A finna . . .'

Golygfa 4

Llethr mynydd a thri yn gwylio praidd.

'Garantîd i chi . . . ddaw'r bygars ddim heno.'

'Wel os dôn nhw, mi gân nhw ddôs o'r twelf bôr yma . . .'

'Ara deg rŵan . . .'

'Digon hawdd i chi siarad Sarjant, nid eich defaid chi ydyn nhw!'

'Os bydd yna unrhyw arwydd o ddynion, tydi'r gynnau yna ddim i'w defnyddio! Dallt!'

'O'r Arglwydd . . .'

'Mae hynna'n syrt Tom . . . Cŵn, iawn . . . llwynog, iawn . . . ond unrhyw arwydd o fywyd . . . DIM IWSHIO'R GWN YNA!'

'Go brin y daw yna neb o gwmpas noswyl y Nadolig beth bynnag . . . tydi pawb call adra hefo'i wraig a'i blant . . .'

'Wyddost ti ddim . . . ar yr adegau mwya an- . . .'

'Shd! . . .'

‘Be sy . . . ?’
‘Sbiwch! . . . draw yn fan’cw . . . rhywbeth yn symud!’
‘Arglwydd Mawr! . . . Ysbryd!’
‘Rhywbeth gwyn! . . . ’
‘Dyn ydi o? . . . ’
‘Mae o’n nesu . . . ’
‘Gwnewch rhywbath Sarjant!’
‘Halt! Who goes there?!’
‘Dim ond teithiwr, gyfaill.’
‘Yr amsar yma o’r nos?’
‘A! plismon! . . . wel cystal i chi gael gwybod . . . mae gen i ryw fath o wybodaeth fyddai o fudd i chi . . . ydach chi am wybod?’
‘Gwybod be?’
‘Dwi newydd adael yr Hafod . . . y Tŷ Haf . . . ’
‘Blydi Hel!’
‘Sbia’r awyr!’
‘Tân!!! Mae’r Hafod ar dân . . . ’
‘Meibion Glyndŵr!’
‘Mae o’n deud y gwir!’
‘Halt!’
‘Rhaid i mi fynd gyfaill.’
‘Hanner munud . . . dim nes y byddwch chi . . . ’
‘Iesu! Lle’r aeth o?’
‘Wedi mynd! Wedi diflannu!’
‘’Rarglwydd! . . . dowch . . . am yr Hafod!’

Golygfa 5

Edrych mewn syndod a wnaeth y tri pan gyraeddasant yr Hafod. Roedd y tri arall yno eisoes yn syllu mewn rhyfeddod. Roedd yr hen dŷ wedi ei oleuo fel petai haul melyn canol haf yn disgleirio arno. Yn y goleuni gellid gweld chwys Mair a dagrau Jo wrth wylio'r dwylo a'r breichiau meddal, bychain, yn ymledu am goflaid.

'Ddywedodd neb yr un gair a 'doedd dim sŵn o gwbl i darfu ar dawelwch y noson. Dim sŵn. Dim byd. Dim ond bref unig oen bychan ofnus a chlywodd pawb mohoni.

Tshop tshop

DAW amser yn hyn o fyd pan fo'n rhaid i ddyn wneud be sy'n rhaid i ddyn wneud, ond nid yn union yn yr ysbryd hwnnw yr aeth Derec i'r lladdfa. Pan fo dyn wedi ymrwymo ei hun i uffern, rhaid iddo adael brwynen neu ddwy yma ac acw er mwyn iddo gael cyfle olaf i afael ynddynt. Wedi trafodaeth hir a dwys estynnodd Derec am y frwynen olaf.

—Reit, mi dosiwn ni ta. Pen, sterileiddio; cynffon, fasectomi.

Collwr fu Derec erioed, ac am unwaith yn ei fywyd buasai wedi bod yn wirioneddol falch o weld portread o Leusa'r Ail yn syllu'n loyw i fyw ei lygaid, ond nid felly y bu. Y tshop amdani felly. Aeth ei ben-gliniau'n wan wrth feddwl am y peth.

—Gawn ni gytuno ar un peth?

—Be?

—Wnawn ni ddim deud DIM wrth NEB, iawn?

—Iawn gen i.

Fo agorodd ei geg fawr yn y Ship ryw Nos Iau. Peth mawr ydi dewrder yn enwedig ar ôl ei frolio.

—Basdad gwirion . . .

—Rhaid i un ohonan ni fynd . . .

—Ei gyrru hi de . . .

—Pwy uffar ydi'r bos acw . . .

—Gyrru nacw wna i . . .

—'Sa well gin i wario ffortiwn ar jonis . . .

—Gobeithio eith 'na ddim byd o'i le—yntê?

Chysgodd o ddim y noson honno. Roedd ei gyfarpar o'n brifo wrth ddychmygu'r artaith oedd o'i flaen. Roedd o wedi picio i Smiths i weld a oedd yna rywbeth mewn unrhyw lyfr am y peth, ac wedi dod oddi yno'n ddigalon iawn.

Rhwng *vase* a *vaseline* y dylai fod yn y Geiriadur Mawr, ond doedd y proffesors Cymraeg cyfoes erioed wedi dychmygu y byddai unrhyw Gymro'n ystyried ymostwng i'r fath bydew. Toedd y Geiriadur Termau fawr gwell. Soniai hwnnw am ryw 'fas deffrens'. Toedd hynny'n golygu dim i Derec, ond fe obeithiai na fyddai 'fasd diffrens' yn ei berfformiadau wedi'r driniaeth! Penderfynodd beidio ag ymchwilio rhagor. Gwell fyddai aros nes y basa fo a Meri'n mynd i weld y doctor.

Toedd nam ar leferydd hwnnw yn ddim help i gadw wyneb syth.

—Ah! Fathectomi? Operethyn thimpl. Torri y fath differenth . . . be ydi hwnnw? . . . y beipan thy'n cario'r thpyrm, ond wrth gwrth, mae o'n golygu thderilaithethyn, ac o bothib na chewch chi fyth blant eto. Mi rydach chi'n thylweddoli hynny? . . . Mae rifyrthalth yn bothib . . . Mewn ecthdrîm cethyth.

—Fydd o'n brifo? . . . be'n union maen nhw'n wneud? . . . be fedar fynd o'i le?

—Mi fedrwch orfod dioddef thbelan o boen . . . mi fydd yn rhaid i chi thefio'r thcrotum . . . wedyn yn yr hothpital mi fydd y doctor yn gneud dau inthithyn, torri'r fath deffrenth a rhoi dau neu dri phwyth. Rhaid i chi gymryd diwrnod neu ddau i ffwrdd o'r gwaith a pheidio â gwneud gwaith trwm; wedi hynny mi fyddwch chi'n ol-reit . . . dim fawr o ddim fedar fynd o'i le. Dim ond mewn ffeif pyrthent o gethyth mae yna gomplicethynth yn codi . . .

Chysgodd o ddim y noson honno chwaith ond mi gafodd y freuddwyd fwya cymhleth ac erchyll ers dyddiau Joseff. Yn ei freuddwyd roedd o ymhell yn y dyfodol ac roedd ystyr y gair fasectomi wedi newid cryn dipyn erbyn 2091. Gorweddai ar wastad ei gefn ar fwrdd llawdriniaeth mewn ysbyty a llaw y meddyg gorffwyll Sad Dam wedi glynu'n ddiollwng yn ei gyfarpar. Roedd meddygon y gynghrair yn astudio'i gulfor a'i Gyw-êt ac yn ceisio penderfynu sut i lacio gafael Sad Dam. Roedd ei ddwyrain canol yn ei boeni'n arw ac roedd ffrae feddygol wirioneddol wedi codi. Y penderfyniad oedd trefnu ugain mil o sortis i fomio'r fas differens, ond doedd dim oll fedrai o ei wneud ond gorwedd yno'n dawel a derbyn y cyfan. Roedd y chwys fel defnynnau o olew hyd ei wyneb pan ddeffrôdd. A deffro Meri hefyd.

—Tydw i ddim yn mynd . . .

—Be s'anti?

—Sut fasa chdi'n licio cael taflegryn gwerth wyth can mil o bunnau ynghanol dy hanfodion?

—Be ti'n fwydro dywad?

— . . . Rhyfal . . . mawr . . . plîs ga i fod yn Gonshi?

—Be? . . . Derec, wyt ti'n iawn? . . . deffra! . . . neu mi fyddi di'n styrbio'r plantos.

Ymdawelodd a llithrodd yn ôl i afrealaeth yr isymwybod. Cysurodd ei hun—fe allai werthu'r Kyffins a'r Gregynogs a phrynu *Scud.*

Roedd y Morganiaid bob amser wedi ceisio bod yn hollol agored wrth drin a thrafod pynciau anodd gyda'r plant. Pan ddeuai cwestiwn lletchwith, ceisio ei ateb yn onest a chywir a wnaent. Ond sut mae egluro be ydi fasectomi i blant saith a naw oed?

Ymgais y tad:

—Dowch yma am funud. Steddwch yn fama rŵan ... mae gan dad rywbeth pwysig i'w ddweud wrtha chi.

—Be?

—Mae dad yn gorfod mynd i'r Ysbyty ...

—Ti'n mynd i farw ... ?

—Nac 'dw dwi ddim yn mynd i farw, mynd i gael triniaeth dw i.

—Ti'n mynd i farw wedyn?

—Nac 'dw, paid â rwdlan ...

—Ti'n sâl?

—Nac 'dw ...

—Pam ti'n mynd i'r ysbyty 'ta?

—Wel ... mae dad a mam wedi penderfynu ein bod ni wedi cael digon o blant ...

— ... 'Dach chi ddim isho ni?!

—Naci ... oes dwi'n feddwl ... ond 'dan ni ddim isho rhagor ...

—Pam ti'n mynd i'r ysbyty i brynu rhagor ta?

—Tydw i ddim yn mynd i'r b ... i'r ysbyty i brynu rhagor ...

Ymgais mam:

—'Dach chi'n cofio o le ydach chi wedi dod?

Deuawd.

—Bol mam ...

—A sut y daethoch chi oddi yna?

—Oeddan ni'n tyfu ac yn tyfu ...

—Dwi'n gwbod sut 'daethon ni o' na; isho gwbod dwi sut aethon ni yna yn y lle cynta!

—'Rhoswch am funud bach, mi ddeuda i wrthach chi. Tu fewn i dad mae yna had, a tu fewn i mam mae yna ŵy. Pan fydd yr had sydd tu mewn i dad yn cyffwrdd â'r ŵy sydd tu mewn i mam, hefo'i gilydd maen nhw'n tyfu'n fabi bach. Rŵan, er mwyn i'r had gyrraedd at yr ŵy mae dad a mam yn gorwedd yn agos iawn at ei gilydd, ac mae gan dad beipen fach . . .

Pedair soser lonydd lawn a chegau agored.

— . . . ac felly mae dad yn mynd i gael torri'r peipiau bach sy'n cario'r had.

Ras i drws nesa.

—Yncl Jôs. Da ni'n gwbod o le mae babis yn dod ac mae gan dad had yn ei beipiau a mam wyau yn ei bol . . .

—Dyna pam mae dy fam yn mynd i'r sied, felly . . . ?

—Be dach chi'n feddwl?

—Mynd i ddodwy mae hi siwr . . .

Penbleth. Cymhlethdod. Damia chdi Jôs.

Roedd hi'n noson y swper olaf.

—Be gymri di?

—Rhywbath . . . tôst . . . ŵy . . . unrhywbeth.

—Dau ŵy wedi'u ferwi?

—Fedri di roi dy wyau di ar ecobs mam?

—Gorffennwch eich bîns a brysiwch am y bath yna!

—Meddylia amdani fel hyn, erbyn yr amsar yma yfory mi fydd pob peth drosodd.

—Bydd. Pob peth ella.

* * *

—Maen nhw'n cysgu'n dawal.

—Ddechreuwn ni ta?

—Dyro'r Deli Post ar lawr . . . dwi ddim isho blew bach hyd y carpad.

—Oes yna boint shefio'r cwbwl ?

—Dyna ddeudodd o . . . wwww! Mae dy ddwylo

di'n oer . . . !

—Wê! Stop.

—Ti'n meindio troi y Deli Post ffordd arall . . . dwi ddim isho i Ivor Wynne Jones weld . . .

Ac yno, flewyn ar flewyn, o flaen y letrig ffeiar y disgynnodd cnwd chwarter canrif ar lawr.

—Pam ti'n chwerthin?

—Meddwl am y twrci gawsom ni gan Elis Bwtsiar Dolig dwytha!

Mi adawn ni'r noson honno yn fan'na.

Roedd o'n ceisio cysuro ei hun nad bod yn hiliol oedd o, pan suddodd ei galon o weld doctor du. Toedd yr Indiaid 'ma ym mhob man? Roedd o ar fin deud iddo ddarllen *Bury My Heart at Wounded Knee* pan gofiodd mai math arall oedd hwn. Rhaid plesio serch hynny.

—I saw Ghandi, *and I particularly like Lamb Passanda and Chicken Tikka.*

—Prrop his legses up . . . now I give you small dose of injection which will not hurrrt you in the slightest . . .

Ymataliodd rhag wylofain, ond bu rhincian dannedd. Toedd y bygar yma'n ddim amgenach na Huw Geraint Du ond mai FO, Derec, oedd yr 'alwad' hon ac nid mochyn, nac oen nac unrhyw anifail arall. Tybed a ddylai fod wedi arwyddo cytundeb teledu gyda Wil Aaron? Gallai ddod yn 'seren' deledu dros nos! 'O vas i vas'? 'Hapus Dorfa'? 'Heno, heno dim plant bach'? 'Dau doriad ac angladd'? Aeth ias oer i lawr ei asgwrn cefn. Beth pe bai . . . ? Roedd o'n ymwybodol iawn fod chwys yn byrlymu i lawr ei wyneb, ac mae'n rhaid fod y Doctor Du wedi sylweddoli hynny hefyd. Daeth nyrs ifanc a llond ei hwyneb o blorod i sychu'r chwys â chadach oer. Petai hi'n gwenu mi fasa'r ploryn yna ar y chwith yn byrstio . . . Ddaru hi ddim—rhaid ei bod hi wedi gweld cannoedd fel hyn o'r blaen . . .

—*Powder the testicles and take him up the stairses . . .*

—*You ar hearing this?*

—*Yes . . .* (egwan)

—*In a few of the minutes, the effect of the injections will be wearing off you, you will feel some pain, you will lie down and if the pain of you gets loud, you call a nurse.*

Ac fe'i rholiwyd yn ôl at ei wely, ei godi oddi ar y drol, a'i lithro'n ofalus rhwng y cynfasau glân. Yn awr ac yn y man, cil-edrychai o amgylch y ward, a phan dybiai na fyddai neb yn edrych, fe deimlai yn ofalus â'i law. Pinsiodd ei gwd—dim poen. Sleifiodd i gysgu.

—Mr Morgan! Mr Morgan?!

O na! Na! Gwawriodd awr senario'r hunllef! Roedd pelen blwm boeth ar dân yng ngwaelod ei fol. Yn reddfol aeth dwy law i leddfu'r boen, ond roedd rhai eraill yno'n barod.

—Mr Morgan?

Agorodd ei lygaid fymryn, a thrwy ddwy hollten gwelai bladras ddanheddog yn gwenu arno.

—Mae o'n dechra werio off dol . . . fydd o'n boeth ac yn boenus am sbelan . . . cymra hwn.

Llyncodd yr hylif piblyd yn awchus. Triaglodd ei ffordd i'w gylla. Teimlai'n hollol chwithig, a hithau'n taenu powdwr yn hael iawn ar hyd ei gyfarpar. Roedd ei dwylo hi'n oer ar ben pob dim.

—Paid poeni dol, dwi 'di gweld digon o bricia i ffensio Stad Faenol.

'Nôl i gysgu. Hunllef arall. Deffro, cysgu, poen, cysgu,

tân, deffro, poen poeth, cnoi . . . isho pi-pi.
Codi. Dau gam . . . nôl ar y gwely.

—*What you doin'?* Be uffar ti'n neud?

—Toilet.

—'Ddo' i â potal i chdi . . . ti isho pan, dol?

—Nac 'dw.

—Tisho help . . . ?

—Nac 'dw!

Arswyd. Beth petai'r Du wedi gwnïo'r beipan anghywir? Roedd o jyst â byrstio. Daeth y llif yn rhwydd. Rhyddhad. Cwsg.

Digon anodd fu'r deuddydd canlynol. Bu angen gofal dwys a bathio aml i fugeilio'r clwyfedig. Hanfod pob symudiad oedd ochenaid, nes gwawrio arno'n sydyn nad oedd poen mwy, ac ofer ochneidio.

'Mae yna ddewrder a dewrder,' meddai'n uchel gan ei longyfarch ei hun yr un pryd.

A llongyfarch ei hun y byddai o, yn aml iawn. A phan fyddai'n cofio yn ôl i'r dyddiau erchyll hynny a'r trawma y bu drwyddo, ambell dro fe âi ias anesboniadwy i waelod ei fod wrth iddo feddwl . . . a chofio. Yn enwedig cofio ei ddewrder.

Ni fedrai esbonio chwaith paham yr oedd yr un ias yn melltennu trwyddo pan welai fwyell bwtsiar yn disgyn yn glewtan slwj ar lwmp o gig . . .

Coflaid

'JESUS! He's stoopid!! He'll kill 'imself!'

Paid â 'nychryn i! Arglwydd roedd honna'n agos. Roedd y basdad gwirion wedi 'nelu ei eroplên yn syth amdanon ni. Diolch i Dduw fod Gerry wedi bancio . . . O . . . Grist . . . mae'r mynyddoedd 'ma'n agos . . . dw i'n sâl . . .

'Twenty seconds to target Taff . . . fucking hell Taff! Wake up mate! Fifteen seconds . . . ten . . . foive . . . four . . . three . . . two . . . one . . . kiss my arse Saddam!'

Caeodd Gwilym ei lygaid a gwasgu'r ddau fotwm. Chlywodd o mohonyn nhw'n mynd, ond fe wyddai fod tri chan pwys o ffrwydron newydd adael yr awyren ar daith arswydus o gyflym tua'r ddaear.

'Lock-on baby . . . three . . . two . . . Jesus wept! Bang on! Yeah . . . hoooo! You hit 'em with one Taff . . . '

Panig! Ble'r aeth y llall? Roedd o'n sâl. Roedd y targed yna ar gyrion tref . . . roedd y system gyfrifiadurol i fod yn anffaeledig . . . targed milwrol meddai La Carre . . . a'u taro yn nhrymder nos, nos Sul. A rŵan, roedd o ar ei ffordd 'nôl i Saudi . . . wedi gwneud ei waith . . . a dim byd ond düwch yn rhuthro heibo iddo ar bedwar can milltir yr awr . . . düwch, yn un stribed hir, yn gwibio o flaen ei lygaid . . . plentyndod, damwain angheuol ei rieni, aelwyd ei daid a'i nain . . .

* * *

'Mae'n rhaid ei fod o'n un ohonyn nhw!'

'Paid â mynd i hel meddylia . . .

'Tornados ddeudodd o ar y niws . . . '

'Roedd Gwilym yn gwbod be oedd o'n wneud pan joiniodd o.'

' . . . Ond mae 'na rai heb ddod 'nôl, ac ella fod Gwilym . . . '

'Waeth i ti heb â stwna . . . '

'Mi driodd Mr Hughes ei ora glas i'w stopio fo . . . pam na fasa fo wedi gwrando ar ei weinidog o bawb?'

'Ei ddewis o oedd o . . . '

Am y canfed tro y noson honno gafaelodd Lizabeth Parry yn dynnach yn ei Beibl, ac am yr hanner canfed tro edrychodd ar fysedd y cloc yn tynnu am ddau y bore. Roedd y doethion ar y teledu yn clebran yn ddi-baid, ond nid oedd hi na'i phriod yn gwrando ar y geiriau. Yn achlysurol deuai bwletin newyddion, ac yn reddfol codai clustiau'r ddau, ac fel deuawd dywedai'r naill 'Hishd!' wrth y llall.

* * *

Roedd Gwilym yn swp sâl. Roedd yr awyr ddu bellach yn cael ei goleuo gan gannoedd a miloedd o fflachiadau melyn a gwyn.

'Jesus H. Christ! Look at that Taff!' Roedd Gerry fel pe bai'n mwynhau'r cyfan, ond gwyddai Gwilym mai ofn a braw oedd yn ei lais. Ofn y byddai metel yn taro metel. Ofn yr eiliadau arswydus olaf. Ofn bod yn gawod wynias o gnawd a gwaed yn diferu i'r ddaear.

'You O.K. Taff?'

O.K. Gerry.'

Ond doedd o ddim. Roedd o'n chwysu'n drwm. Gallai ddychmygu pryder ei daid a'i nain yn Arfon.

* * *

'Waeth i ni fynd i'n gwlâu ddim.'

'Fedra i ddim . . .'

'Ddywedir dim rhagor heno gei di weld.'

Diffoddodd Dic Parry y set deledu a rhidyllu'r tân.

'Dos di,' meddai wrth ei wraig. 'Mi ddo'i ar ôl cadw'r

petha 'ma.'

Rhyw esgus cadw a chlirio fuodd o nes clywodd o sŵn troed ei wraig yn y llofft. Yn ddistaw, aeth i'r cyntedd a chododd y ffôn. Clywodd y grwndi yn canu yn ei glust.

'Jyst gneud yn siwr ei fod o'n gweithio,' cysurodd ei hun.

* * *

Roedd o 'nôl yn y Capel y funud honno. Byddai ei enw fo, Gwilym Parry, ar wefusau pawb. Fe fyddai Mr Hughes yn cyfeirio ato yn ei weddi, efallai yn ei bregeth hefyd, ond nid neges am Gwilym Parry a'i waith fyddai ei neges. Nid anghofiai fyth y sgwrs a gawsai â'r gweinidog cyn ymuno. Er ymbilio taer ei daid a'i nain roedd o wedi penderfynu. Bu ond y dim iddo newid ei feddwl wedi ymweliad Mr Hughes.

'Mynd i ddysgu crefft ydw i Mr Hughes.'

'Mi ddysgi di lot yno . . . '

'Dysgu am beiriannau, dysgu hedfan . . .

' . . . a dysgu lladd.'

Toedd ganddo ddim ateb i hynna.

'Rydw i'n mynd, beth bynnag ma taid a nain wedi i ddweud wrthach chi.'

'Nid dod yma ar ran dy daid a'th nain ydw i 'ngwas i. Dod yma fel un sydd wedi bod yn weinidog i ti am ugain mlynedd ydw i. Ac mae fy ngreddf i yn deud nad oes yna ddeunydd llofrudd yn Gwilym Hughes.'

'Be sy 'na i 'nghadw i yma? Dim teulu, ar wahân i taid a nain. Dim gwaith, a dim gobaith . . . a beth bynnag, siawns ydi na wela i ddim brwydro yn ystod yr amser y bydda i'n hedfan.'

'Mi wyddost ti y byddai dy dad a'th fam yn heddychwyr?'

'Dyna'i lladdodd nhw!'

'Paid ti â meddwl amdanyn nhw fel yna. Roedd y ddau ohonyn nhw yn heddychwyr o argyhoeddiad dwfn . . .'

'Ar y ffordd 'nôl o Rali CND y lladdwyd nhw . . .'

'Damwain car allai fod wedi digwydd unrhywbryd yn unrhywle.'

'Peidiwch â'u hedliw nhw i mi . . .'

'Rwyt ti yn eu hedliw nhw i ti dy hun . . . Gwranda Gwilym, fedri di weld dy hun i fyny yn fan'na yn gwasgu botwm, ac efallai yn lladd nid un, dau neu dri, ond efallai cannoedd ar filoedd o bobl?'

'Mynd i ddysgu crefft ydw i . . .'

'Mi ges i anrheg gan dy dad a'th fam am dy fedyddio di . . . mi rydw i wedi meddwl llawer amdanyn nhw cyn dod i'th weld di. Dydw i ddim am geisio newid dy feddwl di, ond rydw i am i ti gael hwn yn ôl . . . fel anrheg gen i.'

Dyna'r cwbl a ddywedodd o cyn estyn copi digon bratiog o farddoniaeth iddo. Sylwodd Gwilym ddim ar y teitl hyd yn oed, ond roedd yn adnabod llawysgrifen ddestlus ei dad ar y ddalen fewnol . . .

'I'm going in low Taff . . .'

Roedd ei stumog yn ei wddf wrth i'r awyren ddeifio, ond roedd ei ymateb yn beiriannol, yn union fel y'i hyfforddwyd.

'Let em go!!'

Gwasgodd ei fotymau a thywalltodd ei ddinistr unwaith eto. Eiliadau yn ddiweddarach clywodd y ffrwydriadau wrth i'r bomiau daro.

'Jeeeesus! Look at that!'

Wrth edrych i lawr, gwelodd Gwilym gwmwl coch

anferthol. Rhaid bod y bomiau wedi taro cuddfan o ffrwydron. Roedd yr awyr o'u hamgylch mor goch... mor goch. Yr eiliad honno cofiodd Gwilym am y geiriau a danlinellwyd mewn coch gan Mr Hughes yn y llyfr barddoniaeth.

'Gwyn eu byd tu hwnt i glyw,
Dangnefeddwyr, plant i Dduw.'

* * *

'Hishd!' meddai'r ddau wrth ei gilydd pan welsant rybudd o fwletin newyddion arbennig. Rhywsut gwyddai'r ddau'n reddfol mai am hwn y buont yn aros.

'The Defence Secretary has announced that two RAF pilots whose Tornado was shot down over Bagdad on Sunday night have both been killed . . .'

Trodd y pryder yn fraw, y braw yn ofn, a'r ofn yn hanner panig.

'Enwa nhw!' sgrechiai meddyliau'r ddau.

'They have been named as . . .'

Gafaelodd y ddau yn dynn yn ei gilydd. Yn y goflaid honno, roedd rhyddhad. Rhyddhad am na fuasid byth yn enwi heb gysylltu â theulu. Rhyddhad am fod Gwilym yn dal yn fyw. Roedd yna euogrwydd hefyd. Euogrwydd am eu hunanoldeb.

Yn Guilford a Bryste roedd dau deulu arall. Roeddyn nhw yn cofleidio'i gilydd yn eu galar.

Y drych tywyll

Y Clown

Roedd paratoi'r mwgwd o golur yn bwysig. Y weithred hon oedd sylfaen llwyddiant fy holl act ac mi fyddwn i wastad yn mynnu paratoi'r cyfan fy hun. Fyddwn i byth yn hoffi'r hyn a welwn i yn y drych cyn paratoi. Roedd dyfnder yn perthyn i'r tristwch a rythai 'nôl arna'i, a doedd hwnnw ddim wedi newid dim ers rhai blynyddoedd.

Agorais gaead tun yr Hufen Sylfaen a'i rwbio'n araf ar hyd fy wyneb. Fyddwn i byth yn brysio. Roedd yna elfen gref o dwyll yn fy act ddyddiol, a doedd dim iws rhuthro na brysio. Hanfod llwyddiant twyll ydi paratoi manwl a gofalus. Drwy gydol y paratoi, yr hyn a wibiai drwy fy meddwl oedd y chwerthin a'r bonllefau o gymeradwyaeth a gawn ar ddiwedd pob act. Roedd yr holl baratoi yn werth y drafferth pan glywn y sŵn hwnnw.

Taenais weddill y colur yn haenau amryliw gofalus. Y cylchoedd coch rownd fy llygaid a'r geg wgus enfawr. Y croesau duon ar bob boch, y trwyn crwn a'r gwallt gwelltog oren llachar. Wedi gwisgo'r trowsus a'r siaced, roedd y trawsnewidiad yn llwyr. O'm blaen yn y drych golau safai Jaco'r Clown.

Camu o'r tu ôl i'r llen enfawr a disgwyl i'r llifoleuadau fy sbotio. Fe'm dallwyd ennyd, yna aeth pob man yn ferw gwyllt. Gyrrai'r cyfan fy ngwaed ar garlam . . . crynwn mewn dyhead . . . roeddwn i wrth fy modd. Fi oedd biau'r awr nesaf, ac roedd pymtheg cant o bobol a phlant yn hoelio'u holl sylw arna i. Dechrau'r act, a phawb yn gweiddi a chwerthin.

Yn sydyn, torrodd chwys oer drosof i gyd. Doedd popeth ddim yn iawn. Anadlwn yn gyflym. Chwyrlïais rownd ddwy neu dair o weithiau i geisio canfod tarddiad fy anesmwythyd. Wedi troi cylch crwn cyfan fe'i gwelais.

Pâr o lygaid ac un geg. Wyneb nad oedd yn chwerthin. Eisteddai yn y gornel. Ei hunan bach. Methwn dynnu fy llygaid oddi arno. Hen ddyn bach digon di-nod oedd o, digon tebyg i mi fy hun. Tan heno, doeddwn i ddim wedi arfer talu sylw i unigolion yn y gynulleidfa, dim ond syllu'n wag i'r myrdd wynebau, ond roedd hwn yn wahanol. Dau beth a'm trawodd. Ei lygaid treiddgar trist a'i gôt fawr frown laes. Fedrwn i ddim canolbwyntio mwy. Roedd y llygaid a'r gôt frown yn fy ninoethi. Roedd-ynt yn treiddio i'm hymysgaroedd ... yn gweld fy nhwyll ac yn sylweddoli mor ffuantus oedd fy act. Roeddyn nhw'n crafu'r gacen o golur ac yn arddangos crychni'r croen. Roeddyn nhw'n fy ymddihatru o'r dillad lliwgar llac ac yn dangos y dolur. Roeddyn nhw yno'n tynnu, yn diosg ... yn fy nadwisgo'n ara bach a'm gadael i, Jaco'r Clown, yno'n noeth. Yno i bawb fy ngweld. Yno i dderbyn saethau crechwen. Y fi heb fy mwgwd a 'ngholur. Myfi heb ddillad, heb guddfan. Nid Jaco pawb arall, ond fi fy hun ... y fi arall hwnnw.

Pan ddechreuodd y cymeradwyo arhosais i ddim. Rhuthrais mewn panig llwyr yn ôl i'r garafan. Gwasgais fotwm a sefyll fel delw yng ngolau llachar y drych. Sugnais fy ngwynt, llenwais f'ysgyfaint ddwywaith, deirgwaith. Yna, gwenais yn fileinig ar f'adlewyrchiad. Roedd popeth yn iawn wedi'r cyfan. O'm blaen yn ei holl ogoniant safai Jaco'r Clown, gyda'i wallt oren llachar; yn ei wyneb gwelw-wyn gyda'i lygaid cochion a'i geg fawr, wgus; yn ei siaced fraith a'i drowsus a'i fresys, ac yn ei sgidiau mawrion melyn. Syllais eto, tu hwnt i'r llygaid cochion. Edrychais i fyw'r llygaid. Roedd yr un hen dristwch yno yn y dwfn. Fferrais. Nid syllu i'm llygaid fy hun yr oeddwn ond i lygaid y dyn bach yn y gornel. Y dyn â'r gôt laes frown.

Roedd yn rhaid i mi adael y garafan. Roedd yn rhaid i mi ddianc.

Cyn cau'r drws, estynnais am fy nghôt a chamu i'r nos. Roedd hi'n drybeilig o oer a lapiais y gôt yn dynn amdanaf. Diolchais amdani. Yr hen gôt frown, laes honno.

Y Tyst

Roedd y cadach gwaed fu'n hofran uwchben y dafarn yn araf suddo i'r gorwel a sŵn y gyfeddach yn cario ymhell y tu hwnt i glustiau'r meirch aflonydd a oedd yn pystylad y tu allan. Roeddwn i yno, ac yn dyst i'r cyfan.

Yn y parlwr mawr wrth y bwrdd derw agosaf i'r tân yr eisteddwn, yn feddw fawr. Roeddwn yn uchel fy nghloch a 'mharch ac mi fyddai gen i wastad griw diddan o'nghwmpas. Doedd heno'n ddim eithriad. Gallwn gario deuddeg pot o gwrw yn fy nwylaw, a hwn oedd y pumed, nage, efallai'r chweched tro i Sianco eu llenwi o'r gasgen ddu. Oedd, roedd y cwrw melyn bach yn llifo'n ddibaid o'r gasgen i'r potiau pridd, ac o'r potiau i'r boliau. Yng ngolau'r fflamau a sbonciai o'r boncyffion sychion, roedd gwawr gochach na'r cyffredin yn y bochau llawen o'm hamgylch. Pob un wedi gorffen ei orchwyl dyddiol a phob un yn barod am gyfeddach cyn marchogaeth adref i wynebu trannoeth.

Yn sydyn, roedd o yno yn y drws. Marchog dieithr. Welodd pawb mo'r edrychiad, ond fe sylwais i. Clodd deubar o lygaid llonydd.

Cododd y marchog dieithr gwrw a chaws a sodrodd ei hun yng nghornel y parlwr mawr. Roedd y llygaid yn dal i felltennu her ddieiriau. Yn araf y bwytaodd ei gaws ac yr yfodd ei gwrw. Treiglodd y munudau'n oriau. Chwyddai'r sŵn a daliai'r llygaid i herio. Aeth awr . . . dwy . . . tair heibio. O un i un diffoddodd canhwyllau'r gwmnïaeth. Welodd pawb mo'r faneg ddu yn peltio'r foch, na'r ymateb. Y llygaid yn dal i herio.

Cerdded i'r gwyll o sŵn y tawelwch. Cerdded i gyfeiliant gweryru'r meirch. Cerdded yn araf i faes y drin.

Paratoi. Her yn troi'n eiriau, y geiriau'n gnawd. Cleddyf yn gwanu cnawd, llygad yn gwanu llygad. Gwthio, plannu'n wyllt. Saib. Helm o borffor yn sgleinio yn y gwlith. Pluen yn gryndod i gyd a deugorff yn feddw lonydd.

Yn yr eiliadau tawel, y gwaed ar y borfa'n gadach o gywilydd.

Y Geiriau

Mae hi wedi troi tri o'r gloch y bore, a finna newydd gyrraedd adre. Faint wedi tri, wn i ddim, ond mae gen i gof sylwi ar gloc y gegin pan gyrhaeddais i adre.

Mi fydda' i'n codi eto am bump . . . diwrnod arall o waith . . . mynd lawr i Lundain, felly toes yna fawr o bwrpas i mi fynd i 'ngwely.

Fe aeth y noson yn hir a hwyr. Roedd hi wedi un ar y bar yn cau, ond doedd dim ots gen i am hynny. Roeddwn i'n hapus. A dweud y gwir roeddwn i'n dyheu am i'r bar gau. Fe eisteddais ar fy mhen fy hun yng nghanol yr hwyl, y miri, y chwerthin a'r rhialtwch. Roeddwn i'n syllu i'm peint gan wrando ar sŵn y geiriau yn chwyrlïo yn fy mhen. Na! Nid eu geiriau nhw, y lleill, ond Y GEIRIAU.

Mi gredodd yr hogia fod yna rywbeth yn bod arna i, ond fedrwn i ddim dweud wrthyn nhw fy mod i fel hyn am fy mod yn hapus. Fy mod i'n hapus oherwydd y geiriau. Roeddwn i ddwy filltir o gartre ac yn bwriadu cerdded. Cerdded adre heb neb yn gwmni i mi. Neb ond y fi, y gwynt, y sêr a'r geiriau.

Roedd hi'n noson braf i gerdded, ond bod y gwynt yn fain. Roedd o'n chwipio 'mochau i ac yn gweiddi yn fy nghlustiau wrth ruthro drwy fysedd a breichiau'r coed. Fry yn uchel, bron tu hwnt i 'ngolwg i roedd yna lygaid bychain yn wincio arna i ac yn chwerthin am fy mhen. Ond doedd dim ots gen i am hynny chwaith—ddim heno beth bynnag. Roedd gen i gôt fawr gynnes, ac wrth lapio honno'n dynn amdanaf roeddwn i'n ynysu fy hun rhag y byd a'i bethau. Roedd y gwynt yn dal i chwythu, y sêr yn dal i wenu a'r geiriau gen i'n gwmpeini.

Yn anymwybodol, roeddwn i'n canu'r geiriau. Canu i gyfeiliant y gwynt, canu i rythm cerddediad, canu i herio'r sêr. Eu herio nhw i gyd i'm digalonni i. Ond heno, heno o bob noson, fedran nhw ddim. Fedran nhw ddim heno am fod pob peth yn gwneud synnwyr. Heno mae popeth yn iawn, ac am fod popeth yn iawn mae 'nghalon innau'n llawn. Dyna pam fy mod i'n cerdded adref ar fy mhen fy hun. Dyna pam 'mod i'n canu'r geiriau. Ond dyw'r geiriau yn golygu dim i neb, ond i mi.

Mae'r geiriau'n gynnes, gynnes. Maen nhw'n gynnes am mai fi piau nhw, a chaiff neb arall eu clywed—byth. Dim ond y fi, y gwynt a'r sêr. Rhain yw'r geiriau sy'n dweud y cyfan. Y geiriau sy'n sodro'r sêr yn eu lle; y geiriau sy'n plygu'r gwynt a'i orfodi i wrando; y geiriau sy'n ymdywallt ohonof ac yn egluro'r cyfan. Y geiriau sy'n gynnes fel mynwes mam; y geiriau sy'n obennydd i enaid aflonydd; y geiriau sy'n ymlid gofidiau. Fe gaf gerdded â'm pen yn y gwynt, a'm llygaid at y sêr. Un ydym—y fi a nhw. Maen nhw'n diferu o lawenydd. Maen nhw'n ddagrau'r derbyn.

Oedais a phwyso ar lidiart. Bûm yno am awr, ond doedd dim ots. Dim ots heno. Mae'r geiriau ym mhoced fy nghalon. Maen nhw wedi lapio'u hunain yn dynn amdanaf. Rydw i'n teimlo'n gynnes braf. Teimlo'n gynnes am fod y geiriau bellach ym mêr fy modolaeth, ac mi fydd fy ngafael i arnyn nhw a nhwythau arnaf innau, am byth.

Cyn mynd i gysgu heno a phob nos arall, mi fydda' i'n gwrando am sŵn y gwynt. Mi fydda i'n chwilio llygaid y sêr, ac mi fydda' i eto'n clywed y geiriau. Yn sŵn y geiriau y cysgaf. Y geiriau sy'n rhoi'r hawl i mi lefaru. Y nhw a rydd yr hawl i mi glywed. Drwyddyn nhw y bydda' i'n blasu, synhwyro a theimlo.

Mae'r geiriau yn bod o'th blegid di.

Ti yw'r geiriau . . .

Trwy'r drych

Ni wn i sawl gwaith y treuliais i'r nos yn dy gwmni a'th freichiau yn gwasgu. Ni wn i sawl gwaith y syllais i ddyfnder dy lygaid a'u tân yn f'anwesu. Doedd dim dirgelwch na thrydan dyhead mewn oed, roedd popeth mor berffaith â'r miwsig ar gangau y coed.

Fe sefais yn noeth yn fy mreuddwyd, estynnaist dy law a chyffwrdd â'm henaid; a gorwedd yn f'ymyl drachefn, yn ddistaw a gwres dy gariad yn danbaid. Rhyw estyn am eiliad dragwyddol, dyna ein nod, gan rannu ynghanol teimladau, gyfrinach ein bod.

Llithrodd yr oriau yn araf i dywyllwch y nos, yn freuddwyd o haf. Tynerwch yn lapio amdanaf yn gynnes, a gwneud i mi deimlo mor braf. Doedd dim rhaid wrth eiriau, dim ond edrych a chyffwrdd ein dau, a gwybod bod amser yn chwalu a hefyd cryfhau.

Fe wn i am gariad sy'n para fel breuddwyd am byth, ac fe wn i fwy. Fe wn i am gariad heb gywilydd a'n cydiodd mewn angerdd a lleddfu pob clwy. Does dim yn dragywydd, mae popeth yn darfod rhyw bryd, ond mae fflamau o angerdd fel rhain yn llosgi o hyd.

O bopeth a gefais gen ti ac a glywais gen ti, mae'r cyfan mor lân, ac wrth chwilio dyfnderoedd dy lygaid fe gefais o'r diwedd ddirgelwch y tân.

Y fwyell

Y math hwnnw o fore ydoedd. Gallasai hyd yn oed y dieithryn mwyaf distadl synhwyro fod rhywbeth go anarferol wedi digwydd. Ar hyd a lled y pentref ymgasglai pobl yn bwyllgorau bychain tawel-bwysig. Swagrai ambell un o'r naill bwyllgor i'r llall gyda mymryn mwy o wybodaeth na'r rhelyw ac yn eu tro byddai pawb yn edrych tua'r sgwâr gan ysgwyd eu pennau'n drist cyn ailddechrau sibrwd.

Erbyn panad ddeg, troes ffaith yn chwedl a chwedl yn ffaith. Yr oedd, fodd bynnag, un ffaith anwadadwy, a chafwyd honno o enau Bob Eirch ei hun. Roedd Sandra Hughes wedi marw. Wedi'i lladd. Ar sgwâr y pentref, tua dau o'r gloch y bore, yn ei slipars a'i choban, fe'i hyrddiwyd i dragwyddoldeb.

John y Post oedd y cyntaf i weld ei chorff, ac roedd o erbyn hyn yn ail a thrydydd fyw yr erchyllaf o olygfeydd. Roedd y chwistrelliad a gawsai gan y Dr Ellison wedi lleddfu rhyw gymaint ar y sioc, ond pan gyrhaeddodd yr Inspector o'r dre, rhaid oedd ailadrodd ei stori.

'Roedd hi tua dau o'r gloch 'ma, ac roeddwn i'n gorfadd yn fy ngwely yn y stafell ffrynt pan glywais i sŵn lori . . . un o'r hen betha trymion yma . . . niwsans glân . . . mae'r tŷ yma'n crynu bob tro y byddan nhw'n pasio . . . beth bynnag, roedd hon i'w chlywad yn dod ar wib wyllt . . . yna mi glywais i sŵn brêcs . . . tyiars . . . sgrech . . . a homar o glec pan aeth hi i wal Pandy. Mi gythris i am y ffenast, ac mi welwn y lori yn sownd yn y wal . . . mi wisgais hen gôt a rhedag allan . . . mi fuo bron i mi faglu ar draws . . . roedd hi'n gorfadd yno . . . Sandra Hughes . . . ei phen hi wedi dod yn rhydd . . . wedi'i dorri ffwrdd . . . ac wedi ei daflu, neu wedi rowlio . . . yn ymyl tŷ Maime Lloyd . . . '

* * *

Bu Dafydd Hughes yn y Sanitarium am wythnos gron gyfan a threuliodd y rhan fwyaf o'r wythnos yn eistedd ar ei wely yn rhythu i'r unfan. Eisteddai fel hen deiliwr o'r ganrif o'r blaen, ei goesau'n groes ymgroes, ond â'i ddwylo'n segur.

Os mai segur ei ddwylo, nid felly ei ymennydd. Ni pheidiasai hwnnw â chorddi gydol yr wythnos. Corddi a chorddi fel na welai ei lygaid aflonydd y tu hwnt i lendid y wal o'i flaen. Anadlai'n drwm a siglai'n araf yn ôl ac ymlaen, yn ôl ac ymlaen. Roedd i'r symudiad hwn rythm benodol. Fel pendil cloc, yn ôl ac ymlaen. Dim ond un llun a wibiai i'w feddwl. Y llun ohono'i hun ym Marwdy'r ysbyty. Fe geisiodd y meddyg, chwarae teg iddo, dynnu'r mymryn lleia o'r gynfas i ddangos ei hwyneb yn unig, ond dadorchuddiodd fodfedd yn ormod.

Chwydu a wnaeth Dafydd Hughes. Gwelsai fod pen ei wraig yn rhydd o'i chorff. Aeth yn fagddu arno. Toedd o'n cofio dim ar wahân i'r cotiau gwynion, glân, a toedd o'n gweld dim ar wahân i'r llun yn yr ysbyty a hwnnw'n troi i fod yn llun ohono'i hun gyda chyllell, llif a bwyell yn torri pen Sandra.

'Mr Hughes?' Roedd y llais ymhell.

'Mr Hughes?' Yn nes.

Troes ei ben y mymryn lleiaf ac ymlonyddodd.

'Mae yna ddau jentlman i'ch gweld chi.'

'Y fi ddaru 'chi . . . fi laddodd Sandra . . . y fi a Mair . . . y fi a'r fwyell . . . hacio'i phen hi . . . maddau i mi . . . wnei di faddau i mi Sandra? Maddau i mi fy nyledion . . . maddau i mi am fod yn llofrudd . . . '

'Mr Hughes?'

' . . . Dafydd Hughes . . . rydych chi yma ger ein bron . . . '

'Mr Hughes!'

' . . . am lofruddio eich gwraig . . . Sandra Hughes . . . hacio'i phen hi . . . '

'Mr Hughes?!!'

' . . . Ymaith satan . . . dos o'ma . . . fel yna roedd hi . . . heb ei phen . . . dos o'ma'r diawl . . . o . . . 'ma!'

Cuddiodd ei ben yn ei ddwylo, a cheisio'i gadw'n llonydd. Ond roedd o'n symud i rythm ei gorff. Yn ôl ac ymlaen, yn ôl ac ymlaen. O'r chwith i'r dde, o'r dde i'r chwith, yn ôl ac ymlaen.

'Dafydd!'

Roedd dwylo meddal yn rhywle.

'Dr Helen Meredydd sydd yma.'

Roedd y llais yn feddal hefyd.

'Dafydd! . . . dyna chi . . . ydach chi'n fy nghlywed i?'

Arafodd ei symudiadau ac ymdawelodd.

'Gorweddwch yn ôl.'

Roedd y dwylo yn anwesu ei arlais . . . dwylo meddal . . . fel dwylo Mair . . . plyciodd . . . ond roedd y dwylo'n greulon o feddal. Roeddan nhw'n nacáu'r hawl iddo fo ymollwng.

'Mae Sandra wedi marw Dafydd.'

‘Biti biti garw, mae Sandra wedi marw, wedi’i chladdu yn y berllan . . . ’

‘Wedi ei tharo gan lori . . . mae hi wedi marw . . . wedi ei lladd . . . rydw i’n rhoi pigiad i chi Dafydd . . . ’

Sythodd. Clywodd y nodwydd yn pigo’i fraich, ond nid meddalwch y dwylo a’i ataliai yn awr: doedd dim i’w ddal yn ôl. Dim oll.

* * *

Pan ddeffroes, gwyddai ei fod wedi bod yn wylo. Gallai deimlo’r chwyddiadau o dan ei lygaid, ac roedd ei drwyn yn llawn.

‘Dafydd?’

Dr Helen Meredydd oedd yno.

‘Gwrandwch arna i Dafydd . . . gafaelwch yn fy nwy law i . . . ’

Ufuddhaodd. Edrychai Helen Meredydd i fyw ei lygaid.

‘Mae Sandra wedi marw . . . fe gafodd ei lladd gan lori wythnos i heddiw.’

Gwingai Dafydd Hughes. Roedd o eisiau codi ei ddwylo i amddiffyn ei glustiau, ond roeddyn nhw’n dynn yn nwylo’r Doctor. Roedd o eisiau anadlu’n drwm, roedd o eisiau siglo, eisiau gweiddi, ond roedd llygaid y doctor yn ei dyllu. Cododd yn araf ar ei eistedd.

‘Rhaid i chi dderbyn hynna Dafydd, neu ewch chi ddim oddi yma am amser hir.’

Tynnodd anadl ddofn. Unwaith, ddwywaith a theirgwaith. Yna dechreuodd wylo. Wylo fel nas gwnaethai ers pan oedd yn blentyn. Roedd y cyfan a gronasai ynddo ers wythnos yn llifo ohono. Ni allai ei rwystro’i hun. Llithrodd ei ben ar fynwes feddal, ac fel plentyn yn derbyn mwythau a maldod gan ei fam, bu Dafydd Hughes yn wylo'i rwystredigaethau ar fronnau dieithr.

* * *

Gwrthododd gynnig yr ysbyty i'w gludo adref mewn ambiwlans. Yn hytrach aeth ar y bws. Roedd camu i'r awyr iach fel llithro i fyd newydd sbon. Llanwodd ei ysgyfaint ag awyr iach, a cherddodd yn frysiog tua chanol y dref. Bu'r siwrnai adre'n un hir. Gwthiodd ei ben yn erbyn ffenestr y bws a gwylio'r cloddiau'n llifeirio heibio. Dychwelodd ei feddwl at y sgwrs a gawsai gyda'r Doctor y noson cynt.

* * *

'Ers faint oeddech chi'n briod?'

'Saith mlynedd . . . saith mlynedd i'r Pasg. Mi ddechreuais ar fy liwt fy hun fel cyfrifydd ryw chwe mlynedd yn ôl . . . y flwyddyn ar ôl i ni briodi . . . roeddwn i'n gweithio o naw tan bump, o ddydd Llun tan ddydd Gwener, mwynhau'r penwythnosau . . . mynd i Lundain, Efrog, Dulyn . . . digon o bres i'n cadw'n hapus . . . nes . . . Mi ges i ysgrifenyddes ryw chwe mis yn ôl. Mair . . . Mair Hastings . . . hogan o Gaerdydd . . . o, fe weithiodd pethau'n iawn am ryw ddeufis . . . roedd hi'n hogan dda, ac yn gydwybodol iawn yn ei gwaith. Fe fyddem yn cael ambell i awr ginio yng nghwmni'n gilydd, ac yna fe ddechreuodd y ffraeo a'r edliw gartre. Roedd hi'n anochel y buasai rhywbeth yn digwydd . . . ac fe ddigwyddodd . . . un pnawn . . . yn y Swyddfa . . . jyst digwydd.'

'Oedd Sandra'n gwybod?'

'Nac oedd . . . doedd hi ddim yn siwr . . . fe fyddai'n

defnyddio Mair fel esgus i gychwyn ffrae...ond chafodd hi ddim gwybod... ddim tan y noson...'

'Y noson y cafodd ei lladd?'

'Ie... y noson honno. Roeddwn i wedi rhoi notis i Mair, ac wedi rhoi swm o arian iddi am adael... a'r noson honno, fe benderfynais ddweud y cyfan oll wrth Sandra.'

* * *

Roedd y bws wedi aros.

'Anybody sitting here luv?'

Ysgydwodd ei ben.

Ailgychwynnodd y bws, a llithrodd meddwl Dafydd Hughes yn ôl i'r noson honno. Y noson y lladdwyd Sandra.

'Mwynhau?'

'Mmmmm.'

'Unwaith eto?'

'Mae gen i rywbeth i'w ddweud...'

'Dwed o yntê... brysia...'

'Mae Mair yn gadael...'

'Gadael?... am byth wyt ti'n feddwl?'

'Rydw i wedi rhoi mis o gyflog iddi... mae hi wedi gorffen... welwn ni mohoni eto... gobeithio.'

'Gobeithio?... pam gobeithio?'

'Sandra... rydw i'n dy garu di... dyna pam dwi am ddweud wrthat ti...'

'Deud be?'

'Rydw i wedi bod... yn anffyddlon i ti.'

'Be?... BE?! Uffarn dân! Hefo pwy?... Hefo Mair?!'

'Ia.'

'Dduw Mawr! Iesu gwyn... y basdad brwnt... be

ti'n ddeud?'

'Roeddwn i'n trio peidio dy frifo di . . . '

'Trio peidio 'mrifo i . . . peidio blydi 'mrifo i? . . . be ddiawl? . . . dwi ddim yn dallt . . . '

Rhwygodd ddillad y gwely oddi arno, cipiodd ei choban oddi ar y gadair, ac aeth tua'r ystafell molchi.

Gwyddai Dafydd ei bod yn wylo a beiodd ei hun am ddweud wrthi. Onid gwell fuasai iddo fod wedi celu'r gwir, cadw'i gyfrinach a llyncu'i euogrwydd? Clywodd ddŵr y toiled yn cael ei dynnu. Martsiodd Sandra i'r ystafell.

'Rydw i'n mynd . . . o dy olwg di . . . yr hen hwrgi . . . y mochyn . . . '

'Ond Sandra . . . '

'Waeth i ti heb . . . '

' . . . roeddwn am i ti wybod er mwyn i ni gael ailddechra . . . '

'Ailddechra? . . . Ailddechra be? Twyt ti wedi fy nhwyllo i . . . dod adra'n flinedig o'r swyddfa . . . mi fasa'n well i mi petawn i 'rioed wedi taro llygad arnat ti.'

'Mae'n ddrwg gen i Sandra . . . '

'Paid ti â chyffwrdd pen dy fys ynof fi . . . mi â i oddi yma . . . am byth . . . ac mi gei di rannu dy wely hefo unrhyw hwran wyt ti isho.'

Suddodd Dafydd yn ôl i'w wely. Clywodd hi'n pystylad i lawr y grisiau, ac yn rhoi clec anferth i ddrws y ffrynt o'i hôl. Yna, distawrwydd. Distawrwydd llethol. Rhaid ei fod wedi pendwmpian. Craffodd drwy'r gwyll ar fysedd y cloc. Roedd hi'n hanner awr wedi dau. Roedd hi'n rhy ddistaw. Synhwyrodd fod rhywbeth mawr o'i le. Cododd yn sydyn o'i wely a rhuthrodd i'r stafell sbâr. Doedd Sandra ddim yno. Aeth i lawr y grisiau. Doedd hi ddim yn y lolfa na'r stydi. Safodd yn stond. Roedd rhywun yn cerdded at ddrws y ffrynt. Cnoc, cnoc, cnoc. Roedd y sŵn fel cnul.

* * *

Ni fu pethau erioed yr un fath ar ôl iddo ddychwelyd o'r ysbyty. Roedd Dafydd Hughes yn ymwybodol iawn o'r mân siarad a fu'n cadw tafodau'r pentref i ysgwyd am wythnosau wedyn. Yn wir, clywodd ambell air ac ymadrodd â'i glustiau ei hun. Gallai ddychmygu'r gweddill.

'Hen gena brwnt iddo fo . . .'

'Wnaeth o ddim byd, o naddo . . .'

'Ffraeo mawr am ddau o'r gloch yn bora . . .'

'Ei thaflyd hi o'r tŷ. Meddyliwch!'

'Caru oedd o meddan nhw . . .'

'Gwraig Iolo Hastings BBC . . .'

'Lwcus nad oedd yna blant yntê?'

Llithrodd normalrwydd yn ôl i fywyd y pentref. Golchodd y glaw a'r stormydd ôl y gwaed o'r sgwâr, a llwyddodd amser i ddileu'r arswyd a'r erchyllter mwyaf a seriwyd ar gof John y Post. Eithr nid felly Dafydd Hughes.

Roedd hi'n wir iddo gael gwared ar ei faich trymaf o euogrwydd dan law Dr Helen Meredydd a dychwelai o'i wirfodd ati unwaith bob mis. Ond llwyddodd i gelu'r gwaethaf rhag y Doctor, sef ei fod yn fyw o ddychymyg ac yn greadur y nos.

Eisteddai wrth ffenestr agored ei lofft bob nos tan dri neu bedwar o'r gloch y bore yn syllu i'r gwyll a meddwl. Roedd y fwyell ymhob un o'r darluniau a fflachiai i'w feddwl. Y darlun mwyaf cyffredin oedd un ohonoi hun a'r fwyell yn sownd yn asgwrn ei ben. Hon oedd bwyell ei euogrwydd, a phan ddôi pwl drwg o hwnnw neu o hunandosturi, roedd fel pe bai rhywun yn gafael yng nghoes y fwyell ac yn ceisio ei hysgwyd yn rhydd o'i benglog. Roedd y symudiad lleiaf yn creu'r poenau mwyaf dirdynnol ac weithiau, yn dawel bach, deisyfai'r poenau hynny.

Daeth odrwydd Dafydd Hughes yn rhan o normalrwydd y pentref. Ciliodd o bob pwyllgor a chymdeithas. Anfynych y gwelid ef ar wahân i gludo blodau i'r fynwent neu'n sleifio i'w waith am saith yn y bore. Taerai aml un iddynt glywed lleisiau a synau rhyfedd yn dod o'r tŷ ym mherfeddion nos ac roedd rhai yn y pentref nad aent ar gyfyl y lle o gwbl. Cadarnhau amheuon ac ofnau y rheini a wnaeth digwyddiadau'r mis canlynol.

* * *

Roedd hi'n tynnu at fis Rhagfyr ac aethai ymron i flwyddyn heibio ers y trychineb. Roedd Dafydd Hughes byth a beunydd yn siarad ag ef ei hun, a mynych y byddai llafn y fwyell yn brathu'n egr y dyddiau hyn. Nid aethai ar gyfyl ei waith ers tridiau ac roedd deuddydd arall i fynd cyn y byddai'n benblwydd y trychineb.

Eisteddai Dafydd Hughes ger ei ffenestr. Llithrai'r oriau heibio i gyfeiliant pytiau o frawddegau a saethai fel bwledi o'i enau. Weithiau torrai i ganu ar dop ei lais.

Trannoeth galwodd yr heddwas Tomi Roberts i'w weld. Roedd pobl wedi clywed y canu a'r synau eraill yn dod o'r tŷ a daethai'r plismon ato fel cymydog i holi a oedd popeth yn iawn. Methai'n lân â dadansoddi ei feddyliau ond wrth gerdded o'r tŷ teimlai Tomi Roberts ym mêr ei esgyrn fod rhywbeth od drybeilig ynglŷn â Dafydd Hughes . . .

Pan drawodd y cloc hanner nos fe wyddai Dafydd Hughes ei bod yn amser. Nid y fo oedd yn dweud ond Sandra. A heno, heno oedd y noson. Wedi heno, fe fyddai popeth yn iawn.

Chwibanai'n ysgafn wrth lapio'i gôt amdano yn y cyntedd. Roedd hi'n oer drybeilig. Edrychodd arno'i hun yn y drych ger y drws gan wenu'n ddieflig arno'i hun cyn mwmial: 'Mi fydd popeth yn iawn fory.'

Aeth i'w gar a gyrru'n syth i'r fynwent. Gwichiodd y glwyd ar ei cholyn wrth agor. Cerddodd yntau yn dalog rhwng y cerrig stond nes cyrraedd bedd Sandra. Penliniodd, a siaradodd yn dawel:

'Wel Sandra fach . . . fe ddois i . . . dyma fi . . . beth wyt ti am i mi ei wneud? . . . toedd hi'n golygu dim i mi 'sti . . . dim oll . . . ti oedd y cyfan . . . Sandra fach, wnei di faddau i mi? . . . plîs Sandra . . . helpa fi i symud y fwyell yma . . . chwant gwirion oedd o . . . mae hi'n drom . . . yr hen fwyell yma . . . fedra'i ddim byw heb faddeuant . . . dy faddeuant di Sandra . . . plîs Sandra . . .'

Syllodd yn hir ar y pridd a wasgwyd yn un â llawr y fynwent. Yno, islaw, gorweddai Sandra. Yn y pridd a'r pryfed. Roedd hi'n gorwedd â'i dwylo ymhleth. Ei dwylo ymhleth, a'i phen yn rhydd.

Ni wybu am ba hyd y bu'n gorweddian yno. Cododd yn araf o erchwyn y bedd, a llusgodd ei hun yn boenus o araf at ei gerbyd. Roedd haenen denau o rew yn gorchuddio'r ffenestri. Rhwbiodd yn galed â chledr ei law a llwyddodd i glirio'r rhew yn ddigon da i gychwyn am ei gartref. Rhewodd y sgrîn eilwaith, ac ofer fu ymdrech y sgubwyr rwber i'w chlirio. Bu'n rhaid iddo aros deirgwaith. Y trydydd tro, roedd ar sgwâr y pentref.

Rhwbio oedd o pan glywodd ei llais.

'Dafydd?'

'Sandra! Fe ddoist ti!'

Cofleidiodd hi'n dyner. Tynnodd ei gôt, a rhoddodd hi'n ysgafn dros ysgwyddau ei wraig.

'Sandra . . . '

Rhoddodd ei bys ar ei wefusau. Gafaelodd yn dynn amdano.

Gadawyd y car ar sgwâr y pentref, a cherddodd y ddau fraich ym mraich fel dau gariad at y tŷ.

* * *

Galwyd Tomi Roberts yn blygeiniol gan John y Post. Roedd car Dafydd Hughes wedi ei adael ar ganol y sgwâr, a llwybr o waed yn arwain oddi yno tuag at ei gartref.

Doedd hyd yn oed y plismon ddim yn barod am yr olgyfa â'i hwynebai wedi iddo dorri clo drws cefn y tŷ a dringo'r grisiau i'r llofft. Ar orchudd ei wely gorweddai Dafydd Hughes yn gelain oer a'i wyneb yn las gan angau. Yn ei ymyl, wedi ei lapio yn ei gôt fawr, roedd sgerbwd pydredig. Ger y drws roedd penglog, ac yn ei hymyl fwyell, a'i llafn yn loyw lân.

Rasmws

ROEDD gan Rasmws Davies wyneb clerc, roedd o'n gwisgo fel clerc ac yn ymddwyn fel clerc.

Am dri munud i naw bob bore, agorai ddrws ei swyddfa. Byddai'n codi ei het ac yn cyfarch Miss Jones. Yna hongiai ei het a'i gôt ar y ddau fachyn ar gefn y drws. Gosodai ei gês lledr brown ar ei ddesg, a thynnai ei ginio, oedd wedi ei lapio mewn papur llwyd, a'i osod yn nrôr isaf ei ddesg. Estynnai am ei ffownten pen, ei bren mesur, a'i feiro goch o'i boced, yna eisteddai yn ei gadair ac estyn am y pentwr papurau a osodasai ar ochr chwith ei ddesg cyn gadael y prynhawn cynt. Rhoddai y rheini yn union o'i flaen cyn estyn am lythyrau'r bore. Gyda'i gyllell arbennig, holltai bob un ar hyd ei dop cyn cadw'r gyllell, yna agor, darllen a dosbarthu'r llythyrau i ddau flwch. Eisoes yr oedd trefn gwaith y dydd wedi ei ffeilio yn ei ben. Hyd at saith munud ar hugain wedi deg byddai uwchben llyfrau Cyfrifon Brook Brothers, yna, uwch ei baned goffi am hanner awr wedi, rhoddai gyfarwyddyd i Miss Jones ar sut i ateb pob un o'r llythyrau a ddaeth i law y bore hwnnw, ac ymhle i'w ffeilio. Yr oedd ganddo awr a chwarter yn weddill i fynd trwy'r *Financial Times*, nodi pa siariau oedd yn codi neu yn cwympo, ac yn y chwarter awr olaf cyn cinio, ysgrifennai ei nodiadau manwl ar stad y farchnad i Jeremiah Roberts, y Prif Bartner yn y Cwmni. Roedd ei swyddfa o ar y llawr uchaf, ac ni fyddai'n tywyllu'r lle cyn un o'r gloch y prynhawn. Rasmws oedd ei was ffyddlon. Rasmws gysact.

Yr oedd ei awr ginio yn cychwyn am hanner dydd ac yn dod i ben am hanner awr wedi. Ar drawiad cynta'r cloc yn y swyddfa, byddai Rasmws yn cau ei ffownten pen, yn taenu dalen lân o bapur blotio dros ei waith, ei gwasgu'n ofalus, yna'n clirio'i lyfrau a'i bapurau a'u gosod yn un pentwr yn ôl ar ochr chwith ei ddesg. O'r ddrôr isaf estynnai y bag papur llwyd a ddaliai ei ginio, ac roedd cynnwys hwnnw yn union yr un fath bob dydd. Roedd y cyntaf o'r ddau gwd plastig yn dal dwy haen o frechdanau a'r rheini wedi ei sgleisio'n denau i chwe milimedr union. Ŵy oedd cynnwys yr haenen isaf, sef y frechdan frown, a chaws a thomato, eto wedi'u sgleisio'n denau, oedd cynnwys yr haenen wen uchaf. Yr oedd y tafellau yn ffitio'n union ar ben ei gilydd a'r cyfan wedi eu chwarteru'n gelfydd.

Yn yr ail gwd, yr oedd *Kit-Kat* deufys, afal *Golden Delicious,* a dwy fisgeden sinsir mewn papur menyn. Yn y bag papur hefyd yr oedd dwy hances bapur goch. Gosodai'r naill ar y bwrdd o'i flaen cyn gosod yr ymborth yn y drefn yr oedd am ei fwyta. Gosodai'r llall yn ofalus ar ei lin i ddal pob briwsionyn nad âi i'w geg.

Yn awr, yr oedd yn barod am y ddefod ddyddiol o fwyta'i ginio. Doedd dim gwyro i fod oddi wrth y drefn feunyddiol. Chwarter brechdan gron wen o gaws a thomato, yn cael ei dilyn gan chwarter gron frown o ŵy. Yr oedd yn cnoi pob brechdan ŵy ddeunaw ar hugain o weithiau, a phob brechdan gaws a thomato ddeugain a chwech o weithiau. Yn dilyn bwyta'r ail, pesychai, a hyn oedd yr arwydd i Miss Jones ddod â chwpanaid o de iddo. Gosodai hithau'r te ar y dde i'r ymborth, ac wedi iddo gymryd y llymaid cyntaf a'i lyncu, byddai'n taflu 'Diolch' yn ffurfiol iawn i gyfeiriad y bwrdd teipio. O un i un diflannai'r brechdanau nes y byddai un frechdan frown sgwâr yn weddill. Roedd honno'n cael ei lapio'n ofalus yn ôl yn y cwd plastig, a'i chadw ar gyfer panad dri. Y hi a'r afal.

Yn nesaf, byddai'n estyn am ei gyllell lythyrau ac yn agor papur coch y *Kit-Kat* gyda gofal mawr. Plygai hwnnw'n ofalus a'i osod yn ôl yn y papur llwyd. Yr oedd yr un rheidrwydd i gael y papur gloyw yn undarn glân, a phlygai hwnnw'n bedwar cyn ei gadw yntau gyda'i gymar. Uwchben ei ffedog bapur, torrai'r siocled yn ddau cyn ei fwyta. Yn olaf, estynnai'r ddwy fisgeden sinsir, ac ar ôl llyncu'r gegaid olaf, yr oedd jyst digon o de yn weddill yn ei gwpan i olchi ei geg, a rhoi rhyw 'Ha' o ochenaid fel atalnod llawn ar ei bryd. Lapiai'r hances bapur goch oedd ar ei lin yn ofalus, gan ofalu cadw'r briwsion i gyd i'w rhoi ar riniog tŷ'r adar wrth nôl glo am chwarter wedi chwech. Âi popeth yn ôl i'r bag papur llwyd yn ei drefn, yn barod i fynd adre, popeth hynny yw ar wahân i'r frechdan a'r afal a gâi gyda'i baned dri. Roedd y rheini'n cael aros ar gornel dde eithaf ei ddesg.

Gan nad oedd y cloc yn taro ar hanner yr awr, roedd llygaid Rasmws yn taflu'u golygon ato fel y nesâi at hanner awr wedi hanner dydd. Pan oedd y bys coch yn croesi'r ffin rhwng cinio a gwaith, rhoddai ochenaid fechan, ac estyn am ei nodiadau i wneud adroddiad manwl i Mr Roberts. Am ddeng munud i un, byddai'n gorffen ei adroddiad, cau ei ffownten pen a galw—'Miss Jones? Mr Roberts os gwelwch yn dda?' Estynnai'r adroddiad iddi, ac âi hithau i fyny'r grisiau a'i osod ar ben y papurau a oedd ar ddesg Mr Roberts.

Âi Rasmws yn ei ôl at Gyfrifon Brook Brothers, ac er bod ei ben yn y llyfrau fe glywai Mr Roberts yn dod i mewn i'r dderbynfa, yn carthu'i wddf cyn stompio i fyny'r grisiau a setlo i lawr wrth ei ddesg.

Ymhen hanner awr dôi'r alwad. Tua hanner awr wedi un fe âi Rasmws i fyny'r grisiau, a than baned dri fe fyddai yno gyda Mr Roberts yn prynu a gwerthu siariau, yn gwneud symiau o filoedd ar filoedd o bunnoedd, yn gochel rhag colledion, yn awgrymu, yn cynghori yn bwyllog ac yn hamddenol braf. Am dri, fe ddôi Miss Jones i'r stafell gyda hambwrdd, ac arno gwpanaid o de a phlatiaid o fisgedi siocled i Mr Roberts, a phanad, brechdan ac afal i Rasmws. Ymhell tu hwnt i'r amser paned fe fyddai'r ddau yn yr oruwch-ystafell yn pendroni uwch rhesi o ffigurau, ond, am chwarter wedi pedwar i'r eiliad, fe ddôi Rasmws i lawr y grisiau. Camai at ei ddesg, a pharatoi ei waith ar gyfer drannoeth. Wedyn, rhoddai ei ffownten pen, ei bren mesur a'i feiro goch yn ogystal â'r bag papur llwyd yn ei fag. Am hanner awr wedi pedwar, gwisgai ei gôt a'i het, ac wedi dymuno 'Dydd da' i Miss Jones fe âi i'r Stryd Fawr.

Roedd ganddo hanner awr i wneud unrhyw siopa a ddeisyfai ei wraig, oherwydd am bump o'r gloch fe fyddai'r bws yn cychwyn ar siwrnai ddeunaw munud i'w gartref, ac roedd Rasmws yn eistedd ynddo yn ddi-feth am bum munud i bump, a'r un fyddai'r croeso gan ei wraig bob nos.

'Tyrd yn dy flaen wir! Welish i rotshiwn siâp ar neb yn dod adre. Mi basiodd y bys yna bum munud yn ôl . . . pam na ddôi di lawr yn stop tŷ pen yn lle mynd yn dy flaen i'r ysgol wn i ddim. Wel? Gest ti o?'

'Do.'

'Hanner neu dri chwartar?'

'Hannar, fel arfar.'

'Hanner! hannar!!! a finna'n meddwl y basa na ddigon yn dy ben di i ddod â thri chwartar heno o bob noson!'

'Pam ddyliwn i ddod â thri chwarter? Mae hannar pwys yn gneud y tro i ni fel arfar.'

'Mi ddeudis i wrthat ti 'mod i'n mynd i Fethesda nos fory! Fasa ti wedi dod â thri chwartar, mi allat ti ei gael o wedi ei ail-dwymo—sbario i mi neud bwyd. 'Rarglwydd, twyt ti byth yn meddwl amdana i. Rŵan tyrd, styria, dyro'r letrig ffeiar ymlaen yn y parlwr, a dos i nôl glo i mi . . . '

Ac ymlaen yr âi Rosemary, yn gweiddi ordors ac yn diawlio a beio'i gŵr am bob profedigaeth fach a mawr a ddeuai i'w rhan.

Heno fodd bynnag, roedd Rasmws ar wylltio. Fel arfer byddai'n eistedd o flaen y tân yn darllen y *Guardian* tan swper, yna wedi bwyta hwnnw, fe olchai'r llestri tua chwech, ac am chwarter wedi byddai'n nôl glo a rhoi briwsion i'r adar cyn glanhau ei esgidiau. Heno, fodd bynnag, roedd gorchymyn wedi dod i nôl glo cyn bwyd. Roedd hynny yn ei daflu oddi ar ei echel braidd, ond ufuddhau a wnaeth o. Pan ddaeth yn ei ôl i'r tŷ, doedd dim golwg o'i swper, ac roedd Rosemary yn sefyll fel hen dafell dew yn cuddio'r tân. Roedd hi'n snwffian . . .

' . . . Wyt ti'n cymryd dim sylw ohona i o gwbl . . . waeth i mi siarad â'r bwrdd yna ddim . . . finna'n fama yn llnau dy dŷ di . . . o fora gwyn tan nos . . . ddydd ar ôl dydd . . . a dyma'r diolch dwi'n gael . . . mi fasa waeth i mi dy adael di . . . a mynd at mam . . . '

Roedd ar Rasmws eisiau gweiddi ar dop ei lais: 'Dos at dy fam 'ta, yr ast ddiawl!' ond roedd yr arwr ynddo wedi ei gladdu yn llawer rhy ddwfn i ddod i'r wyneb. Fagodd o erioed y plwc hyd yn oed i'w hateb yn ôl, ac fel hyn y bu ers blynyddoedd bellach. Hyhi'n ffrwydro, yntau'n derbyn y cyfan yn dawel, ond yn araf bach roedd rhywbeth y tu mewn iddo yntau yn mudlosgi. Nid gyda'r nos oedd uchafbwynt ei ddiwrnod. Ond fe dreuliai'r amser y byddai hi'n ei gystwyo'n eiriol i ddychmygu pob math o bethau erchyll a allai ddigwydd iddi.

'Fuost ti yn y banc?'

'Mae'n ddrwg gen i, mi anghofiais i.'

Disgwyliodd am y llif, ac fe ddaeth.

'. . .Typical . . . blydi typical . . . jyst 'run fath â chdi . . . a lle ga' i bres i fynd i Llandudno rŵan? . . . atab fi . . . ' Roedd o'n edrych drwyddi, ac yn ei gweld mewn casgen o olew berwedig yn crimpio'n braf.

' . . . Mi fydda' i'n lwcus i hel digon at 'i gilydd i dalu'r býs, heb sôn am gael rhywbath newydd . . . titha'n gwbod fod y gôt 'na wedi gweld dyddia gwell . . . '

Roedd hi'n ymbilio arno i'w hachub, ond roedd o'n gwenu.

'Dwi'n gwybod dy fod ti wedi gneud hyn yn fwriadol . . . mae'r hen wên yna sydd ar dy wynab di yn deud hynny wrtha i . . . '

Bob nos ers tair blynedd ar ddeg, tri mis a thair wythnos, roedd Rasmws wedi dioddef hyn. Bob nos. Un ar ôl y llall.

Ond o wyth o'r gloch y bore tan bum munud ar hugain wedi pump y prynhawn, roedd Rasmws yn fwriadol yn cau Rosemary allan o'i fywyd. Ond bellach, roedd hyd yn oed Rasmws yn methu â dychmygu digon o bethau erchyll i ddigwydd i'w wraig. Roedd o eisioes wedi ei chrogi gerfydd ei gwddf a'i gwallt a bodiau ei thraed. Roedd o wedi ei saethu gyda bwledi, bwa saeth a thaflegrau. Roedd o wedi ei boddi, ei llosgi, ei thaflu o ben dibyn, ei bomio . . .

'Rydw i'n mynd i wneud fy mrechdanau ar gyfer fory . . . ' ac fel oen bach aeth o fyd ffantasi yn ôl at realaeth.

‘Rŵan?’ sgrechiodd y llais y tu ôl iddo, ‘tydi hi ond blydi hannar awr wedi blydi saith . . . am ddeg fyddi di’n gneud rheini fel arfar . . . pan fydda i yn mynd i ’ngwely . . . ac fe wyddom ni pam hefyd.’

Tynnodd ei wynt, edrychodd i fyw ei llygaid:

‘Rydw i’n mynd i wneud fy mrechdanau . . . ’ meddai eto.

‘Wnei di byth anghofio’r rheini, yn na wnei? O na. Anghofi di byth bigo dy *Financial Times* yn Smiths bob bora, anghofi di byth dy frechdanau, anghofi di byth lenwi dy ffownten pen . . . ond gneud rhywbeth i mi? O na . . . a dallta di hyn, mi ddoi di adra ryw ddiwrnod a ffeindio’r tŷ ma’n wag. Gwag. Ti’n dallt? Mi fydda’ i wedi mynd . . . ’

Estynnodd Rasmws am y peiriant torri bara. Mesurodd union chwe milimedr ar yr olwyn a thorrodd ddwy dafell wen a dwy dafell frown. Yn araf a pheiriannol taenodd fenyn drostynt. Aeth i’r drôr ac estyn y gyllell fach.

Yr un mor fanwl sgleisiodd y caws a’r tomato. Roedd ŵy yn yr oergell ers y noson cynt. Roedd y llifeiriant yn parhau.

‘ . . . O na, dyna ’nghamgymeriad i . . . ac mi ddeudodd mam wrtha i dallta . . . ond roeddat ti’n addo, addo, addo, a sbïa be ges i? Bywyd caethwas! . . . o fora gwyn tan nos . . . be dwi’n gal? . . . cwcio, golchi, smwddio, llnau, bob blydi dydd!’

Wrth lapio ei frechdanau yn y bag plastig digwyddodd rhywbeth i Rasmws.

‘Dos i dy wely!’ gwaeddodd.

Ond roedd y llifeiriant yn parhau.

‘ . . . a be dwi wedi ei gael gen ti erioed? . . . dim byd! . . . dim cysur! . . . dim hyd yn oed plentyn . . . dim byd ond stocs an shêrs . . . finna wedi gwastraffu 'mywyd . . . '

Daeth pen Rasmws heibio'r drws.

'Dos i fyny i dy wely!'

'Ond twyt ti rioed . . . ti'n cysgu'n y stafell gefn . . . '

'Dos i dy wely, mi fydda i fyny rŵan . . . ' meddai'n feddal.

Roedd Rasmws yn dal i'w chlywed pan aeth i fyny'r grisiau.

Aeth at ddrws ei hystafell, a rhoddodd ei ben heibio'r drws.

Edrychodd yn hir arni, a gwên ryfedd ar ei wyneb.

'Rasmws! . . . be ydi'r olwg yna sydd ar dy wyneb di? . . . twyt ti ddim wedi edrych fel yna arna i ers talwm . . . Rasmws . . . Rasmws! Be wyt ti'n wneud hefo'r gyllell fara yna?'

Pan gwffiwyf . . .

HWN yw'r tro cynta i mi eu gweld nhw ers eu marw. Maen nhw yma gyda mi. Nain, 'Nhad ac Elen. Tair cenhedlaeth. Y parhad. Fe'u gwelais nhw yng Ngardd Ysbyty'r Plas neithiwr. Cysgodion duon yn cerdded yn eu cwman tuag ataf. Cysgodion duon wedi'u lapio'n dynn mewn niwl gwyn. Y nhw oeddan nhw. Nain, 'Nhad ac Elen. Roeddwn i o fewn tafliad carreg iddyn nhw. Roeddan nhw yno, yn eu huganau gwynion llaes. Roeddan nhw yno, yn teyrnasu ar y mudandod. Sythodd y tri pan welsant fi. Agorais fy ngheg i siarad, ond ni ddôi gair ohoni . . . Roedd pob symudiad o'r eiddynt yn araf a phendant—eu cerddediad, eu troi a'u sythu. Yn araf hefyd y cododd 'Nhad ei law dde ac ystumio arnaf i groesi atynt. Croesi at y tri. Croesi i'r niwl. Croesi i'r glendid . . . a'r parhad.

Gwyn. Gwyn. Mae'r cyfan mor wyn. Mae'r waliau'n wyn, y llawr yn wyn, cynfasau'r gwely a gwisgoedd y nyrsys a'r doctor. Popeth yn wyn. Popeth yn lân. Rydw innau'n smotyn budr, brwnt mewn môr o wynder. Ers pythefnos, rydw i'n cael fy molchi, fy newid a'm bwydo gan eraill.

Ond, maen nhw yma . . . fy meibion. Rydw i'n deffro. Maen nhw yma.

Wynebau llwydion yn rhythu. Wynebau o dosturi. Wynebau o boen.

'Sut dach chi'n teimlo heddiw?'

'Oes gynnoch chi boen?'

Yr un cwestiynau. Maen nhw'n gwybod yr atebion. Maen nhw'n adnabod fy mhoen. Fy meibion ydynt. Rydw i eisiau ateb, ond rydw i'n methu. Rhof awgrym o wên—dim llawer chwaith. Mae fy wyneb yn gul ac esgyrnog, a'm dannedd yn felyn-fawr. Mae sawr angau yn fy safn.

Mae un o'm meibion yn estyn am frigyn o law. Ai fi piau hi? Mae wedi gweld fy symudiad. Ceisio dweud yr ydw i mod i'n dal yma am eu bod nhw yma. Ond rydw i wedi blino. Mae'r hen aflwydd yma'n llifo i bob rhan o 'nghorff i. Rydw i'n cysgu.

Rydw i'n deffro, ac yn cael nerth i symud a siarad.

'Rydw i wedi'u gweld nhw!'

Saib annifyr.

'Pwy ydach chi wedi'i weld?'

'Pwy welsoch chi?'

Saib.

'Nain . . . 'Nhad . . . Elen . . . maen nhw'n galw arna i . . . yn cymell . . . '

Rydw i eisiau cysgu'n drwm.

Rydw i'n cau fy llygaid, ac yn teimlo fy hun yn codi. Codi uwchlaw'r glendid a'r gwynder. Rydw i'n edrych i lawr. Rydw i'n gweld fy hun yn glwt safnrwth aflonydd budr ar y gwely glân. Mae fy meibion yno'n gwylad. Yn angladdol unionsyth, yn filain filwyr, yn amddiffynwyr angau.

Maen nhw'n sibrwd.

'Bechod yntê?'

'Y meddwl yn mynd . . . '

'Gweld ei hen hil . . . '

Tydi fy meibion ddim yn sylweddoli eu bod *nhw* yma.

Rydw i yn eu gweld nhw. Maen nhw yma yn yr ardd, yn cymell. Nain, â'i ffedog wen a'i chrosio; 'Nhad cydnerth â'i fwstash trwm, ac Elen, sidan ei gwisg a hardd ei gwedd, a'i llygaid yn gwenu wrth gymell. Rhois droed yn yr ardd.

'Nyrs!'

'Doctor!'

Maen nhw yma. Fy meibion. 'Nôl â mi i'r gwynder. Gwely gwyn, a wynebau gwynion gwag fy meibion. Rhith ydyn nhw . . . dim ceg . . . dim trwyn . . . dim genau . . . dim ond wynebau gwynion gwag. Tydw i ddim yn eu hadnabod nhw. Pam nad ydw i yn eu hadnabod nhw? Nhw yw fy meibion. Maen nhw yma oherwydd yr aflwydd. Fedra' i mo'u gweld nhw. Beth maen nhw eisiau?

Mae fy stumog ar dân. Mae rhywbeth caled yn gwthio'i ffordd i fyny drwy 'nghorff i. Yr aflwydd! O bwll fy stumog i mae'n codi. Mae'n araf lenwi 'nghorff i. Mae fy llygaid yn llenwi gyda phoen, mae fy ngruddiau'n wlybion. Maen nhw'n llosgi. Rydw i'n ysgwyd ac yn crynu i gyd. Ond maen nhw yma. Fy meibion . . .

Teimlad braf. Elen fach . . . dangos yr ardd i mi. Gad i mi roi 'nhroed ym mhridd yr ardd. Dangos y borderi blodau i mi, y llysiau yn eu gwlâu, y ffrwythau yn y berllan a'r bedd agored . . . Estyn dy law i mi groesi.

Llais.

Rwy'n agor fy llygaid. Mae popeth yn wyn.

Siâp dyn a sŵn Duw.

Sibrwd.

'Mae'n wan iawn.'

Maen nhw yma . . . fy meibion. Maen nhw'n dal yma, ond mae rhywun arall hefo nhw.

'Efe a'm harwain ar hyd llwybr cyfiawnder er

mwyn ei enw . . .'

Gwyn. Gwyn. Mae popeth yn wyn.

'Ie, pe rhodiwn ar hyd glyn cysgod angau, nid ofnaf niwed . . .'

Mae'r llais yn glir, yn gryf ac yn gyfarwydd. Mae llaw gadarn yn gafael yn sgerbwd fy llaw i. Rydw i'n troi fy mhen. Rydw i'n gweld y gwefusau'n crynu uwchben y goler gron. Rydw i'n gweld siâp y geiriau.

'Canys yr wyt ti gyda mi, dy wialen a'th ffon a'm cysurant.'

Gwyn. Gwyn eto, ond mae'r niwl yn clirio. Mae Elen yno, yn ei sidan gwyn. Mae Nain yno . . . a 'Nhad. Maen nhw'n gwenu ac yn cymell. Yn araf, maen nhw'n cymell. Maen nhw'n estyn eu dwylo i mi. Maen nhw'n gwenu, a minnau'n ateb eu gwên. Rydw i'n gry.

Mae gen i ddrwg i'w garthu. Pelen o lysnafedd i'w chwydu a'i fwrw allan. Rydw i eisiau croesi, ond maen nhw yma . . . fy meibion.

' . . . *Amen . . .*'

Gwyn . . . Gwyn? Mae pethau yn ddu a gwyn . . .

Roedd fflamau tân Ysbyty'r Plas fel pe baent yn aros i wylio beth fyddai'r symudiad nesaf.